Prefácio ao *Paraíso perdido*

Tradução
Guilherme Mazzafera

Prefácio ao *Paraíso perdido*

C. S. LEWIS

Edição *especial* |

Título original: *A Preface to Paradise Lost*

Copyright ©1942 de C. S. Lewis Pte. Ltd.
Edição original por HarperCollins Publishers. Todos os direitos reservados.
Copyright da tradução ©2023 por Vida Melhor Editora LTDA.

Os pontos de vista desta obra são de responsabilidade de seus autores e colaboradores diretos, não refletindo necessariamente a posição da Thomas Nelson Brasil, da HarperCollins Publishers ou de suas equipes editoriais.

Todas as notas de rodapé são do tradutor, com exceção das indicadas por asterisco (*), que são notas do autor.

Salvo indicação contrária, todas as citações bíblicas foram retiradas da *Almeida Corrigida e Fiel* (ACF), da Sociedade Bíblica do Brasil.

Preparação: *Marina Saraiva*
Revisão: *Daniela Vilarinho*
Diagramação: *Sonia Peticov*
Capa: *Rafael Brum*

Equipe Editorial

Diretor: *Samuel Coto*
Coordenador: *André Lodos Tangerino*
Assistente: *Lais Chagas*
Estagiária: *Isaildes Oliveira*

Dados Internacionais de Catalogação na Publicação (CIP)
(BENITEZ Catalogação Ass. Editorial, MS, Brasil)

L652p 1.ed.	Lewis, C.S. (Clive Staples), 1898-1963 Prefácio ao Paraíso perdido/ C. S. Lewis; tradução Guilherme Mazzafera. – 1.ed. – Rio de Janeiro: Thomas Nelson Brasil, 2024. 240 p.; 13,5 x 20,8 cm. Título original: A preface to Paradise lost. Bibliografia. ISBN 978-65-5689-723-3 1. Bíblia na literatura. 2. Milton, João, 1608-1674. Paraíso perdido. 3. Poesia épica – História e crítica. 4. Poesia inglesa 5. Queda do homem na literatura. I. Mazzafera, Guilherme. II. Título.
02-2024/95	CDD 821

Índice para catálogo sistemático:

1. Poesia: Literatura inglesa   821

Bibliotecária responsável: Aline Graziele Benitez CRB-1/3129

Thomas Nelson Brasil é uma marca licenciada à Vida Melhor Editora LTDA.

Todos os direitos reservados à Vida Melhor Editora LTDA.
Rua da Quitanda, 86, sala 601A — Centro
Rio de Janeiro — RJ — CEP 20091-005
Tel.: (21) 3175-1030
www.thomasnelson.com.br

Este livro foi impresso em 2024, pela Santa Marta, para a Thomas Nelson Brasil.
O papel do miolo é pólen bold 70 g/m², e o da capa é couchê 150 g/m².

Prefácio ao *Paraíso perdido*

Clive Staples Lewis (1898–1963) foi um dos gigantes intelectuais do século 20 e provavelmente o escritor mais influente de seu tempo. Foi professor e tutor de Literatura Inglesa na Universidade de Oxford até 1954, quando foi unanimemente eleito para a cadeira de Inglês Medieval e Renascentista da Universidade de Cambridge, posição que manteve até a aposentadoria. Lewis escreveu mais de trinta livros, o que lhe permitiu alcançar um vasto público, e suas obras continuam a atrair milhares de novos leitores a cada ano.

DEDICATÓRIA

A Charles Williams[1]

Caro Williams,
Quando me lembro da gentileza recebida e do prazer que tive ao ministrar estas palestras na exótica e bela universidade montesina em Bangor, sinto-me quase ingrato para com meus anfitriões galeses ao oferecer este livro não a eles, mas a você.[2] Contudo, não posso fazer de outra forma. Pensar em minha própria palestra é pensar naquelas outras palestras em Oxford nas quais você em parte antecipou, em parte confirmou, e sobretudo clarificou e fez amadurecer o que há muito eu pensava sobre Milton. A cena foi, de certa forma, medieval, e pode

---

[1] Charles Walter Stansby Williams (1886–1945): poeta, romancista, dramaturgo, teólogo e crítico literário inglês. Trabalhou por muitos anos para a Oxford University Press em Londres e, com o irromper da Segunda Guerra Mundial, foi transferido para Oxford, onde passou a conviver com Lewis, que já o admirava, e se tornou membro dos Inklings, grupo de acadêmicos e escritores mormente oxfordianos que orbitavam ao redor de Lewis, cujos principais membros, além dos dois, eram J.R.R. Tolkien (1892–1973) e Owen Barfield (1898–1997). Em 1947, Lewis editou um volume em sua homenagem, *Essays Presented to Charles Williams* [Ensaios ofertados a Charles Williams], com textos de Lewis, Tolkien, Barfield, Dorothy Sayers (1893–1957), Gervase Mathew (1905–1976) e Warren Hamilton Lewis (1895–1973), irmão de Lewis.

[2] Inspirado pelas palestras de Williams sobre John Milton, Lewis ministrou um ciclo de três palestras sobre Milton na Universidade de Bangor, no País de Gales, em dezembro de 1941.

Prefácio ao Paraíso perdido

vir a provar-se histórica. Você era um *vagus*³ lançado em nosso meio pelo acaso da guerra. As belezas propícias da Divinity School⁴ compunham seu pano de fundo. Lá, nós, os anciãos, ouvimos (entre outras coisas) o que há muito desejávamos desesperadamente ouvir — uma palestra sobre o *Comus* que valorizava o que o próprio poeta valorizava — e assistimos à "novíssima gente, homens ou mulheres",⁵ que enchiam os bancos, a ouvir primeiro com incredulidade, depois com tolerância e, por fim, com deleite, a algo tão estranho e novo em sua experiência quanto o louvor da castidade.⁶ Resenhistas que não tiveram tempo de reler Milton em grande parte fracassaram em digerir sua crítica sobre ele; mas é uma esperança razoável que, dentre aqueles que te ouviram em Oxford, muitos daqui em diante irão compreender que, quando os velhos poetas tomavam alguma virtude por tema, eles não estavam ensinando, mas adorando, e que aquilo que tomamos por didático é com frequência o encantado. Dá-me uma sensação de segurança lembrar que, longe de amar sua obra porque você era meu amigo, primeiro busquei sua amizade porque amava seus livros. Não fosse por isso, seria difícil para mim crer que seu breve prefácio a Milton* é o que me parece ser: a recupera-

---

³ Em latim no original: "andarilho", "vagante".
⁴ As palestras de Williams ocorreram semanalmente a partir de 29 de janeiro de 1940 na Divinity School, uma imponente construção medieval erigida entre 1427 e 1483 com o intuito de abrigar palestras, exames orais e discussões sobre teologia.
⁵ Verso 1835 do livro quinto do poema *Troilous and Criseyde* [Troilo e Criseida], de Geoffrey Chaucer (c. 1342–1400).
⁶ De acordo com a biografia de Lewis escrita por Walter Hooper e Roger Lancelyn Green, *C. S. Lewis: A Biography* [C. S. Lewis: Uma biografia] (1974), a palestra sobre *Comus* e castidade ocorreu em 5 de fevereiro de 1940.
* *The Poetical Works of Milton* [Os poéticos trabalhos de Milton], The World's Classics, 1940.

Dedicatória

ção de uma verdadeira tradição crítica após mais de cem anos de laboriosa incompreensão. A facilidade com que a coisa foi feita teria parecido inconsistente com o peso que precisava ser erguido. Tal como as coisas são, sinto-me autorizado a confiar em meus próprios olhos. Aparentemente, a porta da prisão estava de fato aberta o tempo todo; mas você foi o único que pensou em testar a maçaneta. Agora todos podemos sair.

Seu,

C. S. LEWIS

Innumerabili immortali
Disegualmente in lor letizia eguali.

Tasso, *Gerusalemme liberata*, canto 9, estrofe 57¹

Como tantas mentes instruídas podem até mesmo esquecer sua Metafísica, e destruir a escada e a escala das criaturas?

Browne, *Religio Medici*, parte 1, seção 30²

---

¹ "Inumeráveis imortais/ Desigualmente em sua alegria iguais." *Jerusalém libertada* (1581) é um poema épico do poeta italiano Torquato Tasso (1544–1595), composto de vinte cantos estruturados em oitava-rima que narram uma versão ficcionalizada da Primeira Cruzada.
² *Religio Medici* [A religião de um médico] (1642) é uma espécie de autorretrato e testamento espiritual de Thomas Browne (1605–1682), polímata inglês, autor de múltiplas obras que mesclam interesses muito variados, como as relações entre ciência e religião.

SUMÁRIO

Nota sobre a tradução 15

Capítulo 1 | Poesia épica 17
Capítulo 2 | A crítica é possível? 30
Capítulo 3 | Épica primária 35
Capítulo 4 | A técnica da épica primária 47
Capítulo 5 | O assunto da épica primária 58
Capítulo 6 | Virgílio e o assunto da
épica secundária 68
Capítulo 7 | O estilo da épica secundária 79
Capítulo 8 | Defesa deste estilo 97
Capítulo 9 | A doutrina do imutável
coração humano 113
Capítulo 10 | Milton e Santo Agostinho 120
Capítulo 11 | Hierarquia 130
Capítulo 12 | A teologia do *Paraíso perdido* 144
Capítulo 13 | Satã 161
Capítulo 14 | Os sequazes de Satã 175
Capítulo 15 | O equívoco sobre os anjos
de Milton 181
Capítulo 16 | Adão e Eva 194

Capítulo 17 | Sexualidade não caída   203
Capítulo 18 | A queda   208
Capítulo 19 | Conclusão   213

Apêndice   229
Índice   235

NOTA SOBRE A TRADUÇÃO

Ao longo dos capítulos deste livro, C. S. Lewis mobiliza inúmeras referências não muito familiares ao leitor brasileiro, o que levou à inclusão de notas de rodapé para sanar parcialmente essa lacuna. No caso de citações diretas, quando não originalmente escritas em inglês, Lewis costuma oferecer ao leitor traduções de sua própria lavra. Estas, contudo, têm suas peculiaridades, como a opção do crítico por traduzir excertos da *Odisseia* ou da *Eneida* em dísticos rimados ou o abandono da *terza rima* de Dante na *Divina comédia*, que aqui comparece em versos brancos. Embora ele não explicite os motivos de tais opções tradutológicas, achei importante respeitar suas idiossincrasias, optando por oferecer no corpo do texto uma tradução de segundo grau. Nos poucos casos em que uma citação em língua estrangeira não foi traduzida pelo autor, mantive o original e incluí uma tradução, minha ou de terceiros, no rodapé. No caso específico do *Paraíso perdido*, traduzi todos os excertos citados seguindo o seguinte critério: quando se trata de um ou mais versos inteiros, respeitei a métrica do original, adaptando-a ao decassílabo e suas variações rítmicas; quando se trata de excertos menores que um verso, traduzi de forma mais livre para que o leitor possa ter uma boa compreensão do conteúdo, mas sem jamais ultrapassar a medida de um decassílabo. Neste processo, a consulta à tradução de Daniel Jonas (Editora 34, 2015) foi de grande ajuda e, embora tenha buscado chegar sempre a novas soluções — aspecto muitas vezes exigido pelo contexto da citação —, minha dívida para com seu trabalho não é menor. Enquanto Lewis costuma indicar apenas o número de um dos versos de certo trecho, segui nosso uso mais costumeiro e indiquei todo o intervalo e, de modo análogo, também indiquei todas as quebras de verso. Por fim, Lewis parece ter se valido de uma edição mais antiga do poema, sem atualizações de ortografia, com uso constante de inicial maiúscula em certa classe de substantivos e numeração levemente diversa em alguns momentos. Tomando por base a edição bilíngue da Editora 34 (2015) e a monolíngue da Oxford University Press (2005), corrigi eventuais descompassos de numeração, mas respeitei os usos de inicial maiúscula.

CAPÍTULO 1

Poesia épica

Um juiz isento as obras lê como se deve:
Co' espírito semelho de quem as escreve.

Pope[1]

A primeira qualificação para julgar qualquer artefato humano, de um saca-rolhas a uma catedral, é saber em *que* ele consiste — com qual intenção foi feito e como se espera que seja usado. Após tal descoberta, o reformista da temperança[2] pode decidir que o saca-rolhas foi criado para um mau propósito, e o comunista pode pensar o mesmo sobre a catedral. Tais questões, porém, surgem mais tarde. A primeira coisa é compreender o objeto à sua frente: enquanto pensar que o saca-rolhas foi feito para abrir latas, ou a catedral para

---

[1] Trata-se dos dois versos iniciais da terceira estrofe da segunda parte do poema *An Essay on Criticism* [Ensaio sobre a crítica] (1711), de Alexander Pope (1688–1744), notável poeta, crítico e tradutor inglês do século 18. Composto em dísticos heroicos, o poema satiriza a relação entre escritores e críticos no emergente comércio das letras da época de Pope.
[2] Surgido nos Estados Unidos no século 19, o Movimento pela Temperança apregoava a redução ou mesmo proibição do consumo de álcool, exaltando a abstinência e buscando a aprovação de leis que dificultassem o acesso a bebidas alcoólicas.

entreter turistas, você nada pode dizer acerca do propósito deles. A primeira coisa que o leitor precisa saber sobre o *Paraíso perdido* é o que Milton tencionava que ele fosse.

Tal necessidade é algo especialmente urgente em nossa era porque o tipo de poema que Milton pretendeu escrever não é familiar a muitos leitores. Ele está escrevendo poesia épica, que é uma espécie de poesia narrativa, e tanto a espécie como o gênero não são muito bem compreendidos no presente. A incompreensão do gênero (poesia narrativa) eu aprendi ao examinar cópias usadas dos nossos grandes poemas narrativos. Nelas você encontra com bastante frequência um número de versos não muito memoráveis sublinhados a lápis nas primeiras duas páginas, e todo o resto do livro virgem. É fácil de ver o que ocorreu. O desventurado leitor lançou-se na expectativa de "bons versos" — pequenos trechos de exuberante deleite —, tal como está acostumado a encontrar na lírica, e pensou encontrá-los em coisas que lhe cativaram a fantasia[3] por razões acidentais durante os primeiros cinco minutos; depois disso, ao descobrir que o poema não pode realmente ser lido dessa forma, ele desiste. Sobre a continuidade de um longo poema narrativo, a subordinação do verso ao parágrafo e do parágrafo ao livro e mesmo do livro ao todo, sobre os grandes efeitos arrebatadores que levam um quarto de hora para se desenvolver, ele não teve qualquer ideia. A incompreensão da espécie (narrativa épica) aprendi com os erros dos críticos, incluindo eu mesmo, que por vezes tomam

---

[3] No original, *"fancy"*. Lewis possivelmente retoma aqui a distinção entre *"fancy"* e *"imagination"* proposta pelo poeta e crítico romântico inglês Samuel Taylor Coleridge (1772–1834), em que a primeira representa uma faculdade mais passiva e ornamental, capaz apenas de justapor sentidos separados, enquanto a imaginação consegue fundi-los e, no limite, tornar o leitor partícipe do processo de criação instaurado pelo poema.

por defeitos em *Paraíso perdido* aquelas mesmas propriedades que o poeta mais labutou para obter e que, se devidamente apreciadas, são essenciais para o seu deleite específico (οἰκεία ἡδονή).[4] Nosso estudo da épica de Milton deve, portanto, principiar por um estudo da épica em geral.

Prevejo duas vantagens incidentais decorrentes desse processo. Em primeiro lugar, como veremos, tal abordagem era a do próprio Milton. A primeira pergunta que ele se fez não foi "O que quero dizer?", mas "Que *tipo* de poema quero criar?" — para qual dos grandes *tipos* preexistentes, tão diferentes nas expectativas que provocam e cumprem, tão diversos em seus poderes, tão distintamente reconhecíveis na mente de todos os leitores cultos, pretendo contribuir? O paralelo não é encontrado em um autor moderno se questionando qual a mensagem singular e que linguagem singular poderia melhor comunicá-la, mas sim em um jardineiro ao se indagar se fará um jardim ornamental *ou* um campo de futebol, um arquiteto ao se indagar se fará uma igreja *ou* uma casa, um garoto ao debater se jogará basquete *ou* futebol, um homem ao hesitar entre casamento e celibato. As coisas entre as quais se precisa escolher já existem por conta própria, cada uma com características particulares bem estabelecidas no mundo público e governada por suas próprias leis. Se optar por uma, você perde as belezas e deleites específicos da outra: pois nosso objetivo não é a mera excelência, mas a excelência particular da coisa escolhida — sendo o mérito de um jardim ornamental ou de um celibatário diverso daquele de um campo de futebol ou de um marido. Em segundo lugar, essa abordagem nos obrigará a tratar daquele aspecto da

---

[4] "Prazer próprio", expressão que aparece em *Ética a Nicômaco*, de Aristóteles.

poesia que ora é muito negligenciado. Todo poema pode ser abordado de duas formas — como aquilo que o poeta tem a dizer e como uma *coisa* que ele *cria*. Do primeiro ponto de vista, ele é uma expressão de opiniões e emoções; do outro, é uma organização de palavras que existe para produzir um tipo particular de experiência padronizada nos leitores. Outro modo de formular esta dualidade seria dizer que cada poema tem dois pais — sendo a mãe a massa de experiência, pensamento e coisas afins dentro do poeta, e o pai, a forma preexistente (épica, tragédia, o romance, ou o que for) com a qual ele se depara no mundo público. Ao estudar apenas a mãe, a crítica torna-se desigual. É fácil esquecer que o homem que escreve um bom soneto de amor não precisa apenas estar enamorado por uma mulher, como também enamorado pelo soneto. Seria, em minha opinião, o maior dos erros supor que esta fertilização da matéria interna do poeta pela forma preexistente debilita sua originalidade, em qualquer sentido que se possa ver a originalidade como uma elevada excelência literária. (No que se refere à invenção de formas, são os poetas menores que as inventam.) *Materia appetit formam ut virum femina.*[5] A matéria dentro do poeta *deseja* a forma: ao se submeter à forma ela se torna realmente original, realmente a origem de uma grande obra. A tentativa de ser você mesmo traz frequentemente à tona apenas as partes mais conscientes e superficiais da mente de um homem; ao trabalhar com o intuito de produzir um dado tipo de poema que apresentará um dado tema de modo tão justo, deleitoso e lúcido quanto possível, o poeta tem mais chances de fazer emergir tudo

---

[5] "A matéria deseja a forma tal como a mulher [deseja] o homem", excerto da obra *Física* (livro primeiro, capítulo 9), de Aristóteles, tal como veiculado pela tradição latina medieval.

que nele de fato havia e muito do que ele mesmo não tinha qualquer suspeita. A concentração no pai de *Paraíso perdido*, a forma épica, que pretendo pôr em prática é ainda mais desejável porque excelentes subsídios para o estudo do material cru dentro do poeta — as experiências, o caráter e as opiniões do homem Milton — já se encontram nas obras da Srta. Darbishire e do Dr. Tillyard.[6]

A própria abordagem de Milton pode ser depreendida a partir de uma passagem no prefácio a *Reason of Church Government* [Razão para o governo eclesiástico], livro segundo (Bohn, vol. 2, p. 478).[7] A questão com que ele se depara é se deve escrever (A) uma épica; (B) uma tragédia; (C) uma lírica. A discussão sobre (A) começa com as palavras "se aquela forma épica"; a discussão sobre (B) com "ou se aquelas constituições dramáticas"; a sobre (C) com "ou se o ensejo houver de conduzir". O esquema completo pode ser disposto da seguinte forma:

---

[6] Lewis provavelmente refere-se aqui às obras *The Early Lives of Milton* [As vidas recentes de Milton] (1932), de Helen Darbishire (1881–1961) e *Milton: Private Correspondence and Academic Exercises* [Milton: Correspondência privada e exercícios acadêmicos] (1932), de E. M. W. Tillyard (1889–1962). Ambos os autores publicaram outras obras sobre Milton, lançadas, contudo, em data posterior à do presente livro de Lewis (1942). Vale lembrar que Lewis e Tillyard travaram um duelo crítico acerca do papel dos aspectos biográficos de um autor na composição e avaliação de uma obra literária. A reunião dos textos de ambos foi publicada em 1939 com o título *The Personal Heresy: A Controversy* [A heresia pessoal: Uma controvérsia].

[7] Neste panfleto religioso de orientação antiepiscopal publicado em 1642, Milton defende a adoção de um viés presbiteriano quanto à Igreja Anglicana, derivado, segundo o autor, das escrituras hebraicas. A despeito desse foco, a obra, no prefácio ao livro segundo, apresenta reflexões sobre poesia e arte, sobretudo quanto à exigência de uma função ética para ambas, que servirão de base para o posterior desenvolvimento da poesia de Milton.

(A) Épica
   1. (a) A épica difusa [Homero, Virgílio e Tasso].
      (b) A épica breve [o Livro de Jó].
   2. (a) Épica conforme as leis de Aristóteles.
      (b) Épica de acordo com a natureza.
   3. Escolha do assunto ["que rei ou cavaleiro antes da conquista"].[8]

(B) Tragédia
   (a) Segundo o modelo de Sófocles e Eurípides.
   (b) Segundo o modelo do Cântico dos cânticos ou do Apocalipse.

(C) Lírica
   (a) Segundo o modelo grego ["Píndaro e Calímaco"].
   (b) Segundo os modelos hebraicos ["Aquelas canções recorrentes ao longo do Pentateuco e dos Profetas"].

O tópico (A), a épica, é nosso interesse principal, mas, antes de a examinarmos em detalhe, um aspecto que percorre todo o esquema demanda nossa atenção. A presença de modelos clássicos e escriturais faz-se notar sob cada um dos três tópicos, e sob um deles, o da tragédia, o modelo bíblico parece ser arrastado, como dizem, "pelos calcanhares". Isso é menos

---

[8] No original, "*what king or Knight before the conquest*", trecho do prefácio ao livro segundo de *The Reason of Church Government,* no qual Milton, desejoso de se dedicar a uma obra monumental, ainda não havia se decidido quanto à forma (se épica ou dramática) nem quanto ao herói do futuro poema. A menção à conquista parece indicar que Milton pretendia fazer algo de feição inglesa, escolhendo um herói anterior à Conquista Normanda que marca o fim do período conhecido como "Inglaterra Anglo-Saxônica" (449–1066).

verdade quanto ao modelo bíblico para a épica. A classificação de Jó como uma subespécie da épica (com a *differentia* "breve") feita por Milton pode ser nova, mas é razoável, e não tenho qualquer dúvida de que esta é a forma que ele acreditava estar praticando em *Paraíso reconquistado*, que partilha de afinidades com Jó em tema, assim como em estruturação. Sob o terceiro tópico (lírica), os modelos hebraicos estão perfeitamente alocados, e aqui Milton acrescentou uma nota interessante. Quase como se tivesse previsto uma era na qual o "puritanismo" haveria de ser o urso visto em cada arbusto, ele deu sua opinião de que a lírica hebraica é melhor que a grega "não apenas em sua alegação divina, como na própria arte fulcral da composição". Isto é, ele nos disse que sua preferência pela hebraica não é apenas moral e religiosa, mas também estética.* Certa vez tive um aluno, inocente tanto na língua grega como na hebraica, que não se julgava apesar disso desqualificado para declarar tal juízo como prova do mau gosto de Milton. O restante de nós, cujo grego é amador e o hebraico, inexistente, devemos deixar Milton discutir a questão com seus pares. Mas se um homem se puser a ler em voz alta em manhãs alternadas por um único mês uma página de Píndaro e uma página dos Salmos na tradução que quiser, creio poder adivinhar de qual ele se cansará primeiro.

Prevenido pelo que Milton disse sob o tópico lírica, eu não concluiria apressadamente que os modelos bíblicos ao longo do esquema representam a vitória do seu "puritanismo" sobre o seu "classicismo". Na verdade, seria quase igualmente

---

*A impopular passagem em *Paraíso reconquistado*, livro 4, v. 347 ("Canções de Sião, a todos excelsas") é melhor compreendida se lembrarmos que ela reflete uma opinião literária que Milton, de uma forma ou de outra, susteve ao longo de toda a vida.

Prefácio ao Paraíso perdido

plausível colocar a questão de modo inverso. Se um classicista estrito poderia se ressentir da intrusão dos modelos bíblicos, um "puritano" estrito poderia igualmente se ressentir da degradação da Palavra de Deus ao estatuto de uma fonte de precedentes para a composição literária — como se estivesse *nivelada* com a obra de poetas não inspirados e mesmo pagãos. A verdade é que provavelmente não há contenda e, portanto, vitória alguma para qualquer um dos lados. Há uma *fusão*, ou integração. Os elementos cristãos e clássicos não estão sendo mantidos em compartimentos estanques, mas conjuntamente organizados para produzir um todo.

Consideremos agora o (A) de Milton, a épica. Já aludimos à sua distinção entre "difusa" e "breve". Mais difícil é o seu contraste entre "de acordo com Aristóteles" e "de acordo com a natureza". As "regras" de Aristóteles para a épica, na medida em que são relevantes aqui, correspondem ao preceito da *unidade*. O poeta épico deve lidar com uma ação única, como Homero (*Poética*, cap. 23): aqueles que pensaram que todas as aventuras de Teseu comporiam um único poema porque Teseu era um único homem estavam enganados. Na mente de Milton há aparentemente outro tipo de épica em oposição ao recomendado por Aristóteles, e este outro tipo é curiosamente tido como seguindo a "natureza"; curiosamente porque classicistas posteriores tendem a identificar a natureza com "regras". Ora, havia apenas uma única coisa conhecida por Milton que portava o nome de épica e que também diferia em tipo quanto às obras de Homero e Virgílio — a romântica ou cavaleiresca épica de Boiardo, Ariosto e Spenser.[9] Esta difere

---

[9] Matteo Maria Boiardo (1441–1494): escritor italiano autor do poema *Orlando enamorado* (1495); Ludovico Ariosto (1474–1533): poeta italiano autor do *Orlando furioso* (1516), continuação do poema de Boiardo; e

das obras antigas, primeiramente por seu uso pródigo do maravilhoso, segundamente pelo lugar conferido ao amor, e terceiramente pela múltipla ação de estórias entretecidas. A terceira característica é a mais imediatamente perceptível das três, e creio ser ao que Milton mormente se refere. Não é a princípio evidente por que ele deveria chamá-la como uma decorrência da natureza. Estou bastante certo de que a resposta completa para a pergunta há de ser encontrada em algum lugar nos críticos italianos; enquanto isso, porém, encontrei algo perto de uma resposta em Tasso. No seu *Discursos sobre o poema heroico*,[10] Tasso levanta todo o problema da multiplicidade ou unidade em um enredo épico e diz que as reivindicações de unidade são amparadas por Aristóteles, pelos antigos e pela razão, mas as de multiplicidade pelo uso, pelo gosto efetivo de todos os cavaleiros e damas, e pela experiência (*Poét.*, parte 3). Por "experiência" ele certamente quer dizer experiências malfadadas como as de seu pai, que escreveu um *Amadis* em estrita conformidade com as regras de Aristóteles, mas descobriu que sua recitação esvaziava o auditório, do que "ele concluiu que unidade de ação era algo que proporcionava pouco prazer". Ora, uso e experiência, sobretudo quando contrastados com precedente e razão, são conceitos não muito distantes de "natureza". Acredito, portanto, com pouquíssima dúvida, que a hesitação de Milton entre "as regras de Aristóteles" e "seguindo a natureza" quer dizer, em linguagem mais simples, "devo escrever uma épica em doze livros com

---

Edmund Spenser (1552–1599): poeta inglês autor de *The Fairie Queene* [A rainha das fadas] (1596).
[10] *Discorsi dell'arte poética, ed in particolare sopra il poema eroico* [Discursos da arte poética e em particular sobre o poema heroico] (1587), texto central da poética de Torquato Tasso, possivelmente escrito durante a composição de *Jerusalém libertada*.

um enredo simples, ou devo escrever algo em estrofes e cantos sobre cavaleiros e damas e encantamentos?". A importância desta explicação, se verdadeira, é tríplice.

1. Conectando-a às suas ideias sobre um possível tema ("qual rei ou cavaleiro antes da conquista"), podemos conjecturar que o assunto romântico foi rejeitado mais ou menos em conjunto com a *forma* romântica, a épica de tipo spenseriano ou italiano. Tendemos a supor, talvez, que se a *Arthuríada* de Milton tivesse sido escrita, ela teria sido um poema do mesmo *tipo* que o *Paraíso perdido*, mas não seria por certo uma conclusão muito apressada? Um Milton muito mais spenseriano — o Milton de *L'Allegro*, *Il Penseroso* e *Comus* —[11] teve de ser parcialmente reprimido antes que o *Paraíso perdido* pudesse ser escrito; se você optar pelo jardim ornamental, é preciso abandonar o campo de futebol. É muito provável que se Arthur houvesse sido escolhido, o Milton spenseriano teria se desenvolvido por inteiro, e o verdadeiro Milton, o Milton "miltônico", teria sido reprimido. Há evidências de que as ideias de Milton para uma *Arthuríada* eram de fato muito "românticas". Ele ia retratar Arthur *etiam sub terris bella moventem* (*Mansus*, v. 81),[12] as guerras de Arthur

---

[11] *L'Allegro* e *Il Penseroso*: publicados em 1645, são um par de poemas pastorais, ou hínicos, complementares e contrastivos em sua abordagem respectivamente jubilosa e reflexiva do fazer poético, corporificada na invocação a Eufrosina, personificação da alegria, no primeiro caso, e a uma deusa da Melancolia, trajada de preto, no segundo. *Comus* (apresentada em 1634 e publicada anonimamente em 1637) é uma mascarada que tem por tema o louvor da castidade.

[12] "[Arthur] também incitando guerras sob a terra". Trata-se do verso 81 do poema em latim *Mansus*, panegírico composto por Milton em homenagem a Giovanni Battista Manso (1570–1645), nobre napolitano e patrono das artes que o poeta conheceu em sua viagem à Itália em 1638. Tanto aqui como em outros lugares, Milton registrou seu desejo de escrever um

"sob a terra". Desconheço se isso quer dizer estranhas aventuras vividas por Arthur em algum outro mundo entre sua desaparição na barca[13] e seu pressagiado retorno para auxiliar os bretões em sua necessidade, ou aventuras na terra das fadas antes de se tornar rei, ou uma estória ainda mais selvagemente galesa sobre o caldeirão de Hades.[14] Mas isso certamente não sugere a épica puramente heroica e militar que estamos inclinados a pensar quando se mencionam os projetos arthurianos de Milton.

2. A hesitação de Milton entre os tipos clássico e romântico de épica é mais uma instância de algo que percorre toda a sua obra; refiro-me à coexistência, em uma tensão viva e sensível, de opostos aparentes. Já observamos a fusão de interesses pagãos e bíblicos em seu próprio mapa da poesia. Teremos ocasião, em uma seção posterior, de considerar, ao lado de sua rebeldia, o seu individualismo, e seu amor pela liberdade, e seu idêntico amor pela disciplina, pela hierarquia, por aquilo que Shakespeare chama de "grau". Do relato de

---

grande poema cujo assunto provavelmente estaria relacionado às lendas arthurianas, o que acabou não se concretizando.

[13] Em *A morte de Arthur* (1485), de Thomas Malory (?–1471), após ser mortalmente ferido, Arthur é colocado por Sir Bedevere em uma barca na qual se encontram formosas damas com capuzes negros que, remando, afastam-se da terra rumo ao vale de Avilion, onde o monarca espera curar sua ferida.

[14] Na mitologia galesa, caldeirões com propriedades mágicas são elementos recorrentes nas narrativas. Por exemplo, o poema em galês médio *Preiddeu Annwfn* [Os despojos de Annwfn] (c. 900), encontrado no famoso manuscrito conhecido como *Livro de Taliesin* (datado do século 14, mas contendo poemas bem mais antigos), narra uma expedição do rei Arthur até Annwfn, quando o rei e seus homens obtêm o caldeirão do Chefe de Annwfn, que estava sob a guarda de nove donzelas. Alguns estudiosos veem nesta narrativa um possível antecedente das estórias do Graal, às quais a figura de Arthur costuma ser mais recorrentemente associada.

suas leituras iniciais em *Smectymnuus*,[15] colhemos uma terceira tensão. Seus primeiros amores literários, tanto por seu estilo quanto por sua matéria, eram os eróticos (em verdade quase pornográficos) poetas elegíacos de Roma: partindo deles, progrediu para a poesia amorosa idealizada de Dante e Petrarca e "daquelas altivas fábulas que recontam em cantos solenes os feitos de cavalaria": destes, para a sublimação filosófica da paixão sexual em "Platão e seu igual [isto é, seu contemporâneo] Xenofonte". Uma voluptuosidade original quiçá maior do que a de qualquer poeta inglês, é podada, formada, organizada e tornada humana por purificações progressivas, elas mesmas respostas a um anseio igualmente intenso — um anseio igualmente imaginativo e emocional — pela castidade. A ideia moderna é de que um grande homem é aquele que se encontra na solitária extremidade de alguma linha única de desenvolvimento — seja tão pacífico como Tolstói ou tão militar como Napoleão, seja tão bronco como Wagner ou tão angélico como Mozart. Milton certamente não é esse tipo de grande homem. Ele é um grande *homem*. "*On ne montre pas sa grandeur*", diz Pascal, "*pour être à une extrémité, mais bien en touchant les deux à la fois et remplissant tout l'entre-deux.*"[16]

3. Ao observar como Milton subdivide a épica em suas subespécies, novamente nos deparamos com o problema das

---

[15] Lewis refere-se aqui ao panfleto de Milton intitulado *Apology for Smectymnuus* [Apologia de Esmectínuo] (1642), no qual, entre outras coisas, o autor defende o parlamentarismo e discute a relação entre o uso das palavras e o caráter individual do homem.

[16] "A grandeza não é demonstrada ao se ficar em uma extremidade, mas sim ao tocar as duas ao mesmo tempo e preencher todo o entremeio". Trata-se do nono excerto do capítulo 25 dos *Pensamentos*, a obra-prima de Blaise Pascal (1623–1662), polímata francês cujos trabalhos científicos e filosóficos ainda são bastante influentes.

formas — com a matéria virginal dentro do poeta a hesitar, por assim dizer, entre pretendentes distintos. Quando escreveu *Reason of Church Government*, os diferentes tipos de poema estavam todos presentes na mente de Milton, todos distintos, todos atrativos, cada um oferecendo suas oportunidades singulares, mas cada um igualmente demandando sacrifícios peculiares. Sua frase sobre a épica é realmente uma história breve da poesia épica. Para entender sobre o que ele estava falando, para sentir como ele sentiu e, assim, ao fim e ao cabo, entender o que ele realmente estava escolhendo quando finalmente escolheu e que tipo de coisa estava criando quando efetivou aquela escolha final, nós também precisamos tratar da épica. A biografia do tipo literário há de ser no mínimo tão proveitosa para a nossa leitura do *Paraíso perdido* quanto a biografia do poeta.

CAPÍTULO 2

A crítica é possível?

Amicus Plato, *diria meu pai, explicando as palavras para o meu tio enquanto falava,* Amicus Plato; *isto é, Dinah era minha tia —* sed magis amica veritas — *mas a Verdade é minha irmã.*

Sterne, *A vida e as opiniões do cavalheiro Tristram Shandy*, vol. 1, cap. 21[1]

Primeiro, porém, uma digressão necessária. Uma recente observação do Sr. Eliot[2] coloca-nos de partida a pergunta fundamental de se nós (meros críticos) temos algum direito de

---

[1] A expressão latina "*Amicus Plato, sed magis amica veritas*" quer dizer algo como "Tenho apreço por Platão, mas tenho apreço ainda maior pela verdade", com o sentido de que a preeminência da autoridade não deve superar a verdade factual.

[2] T. S. Eliot (1888–1965): autor de *A terra devastada* (1922) e o grande nome da poesia moderna e da crítica anglo-americana na primeira metade do século 20. Lewis constantemente discordava e até mesmo demonstrava, como fica evidente neste capítulo, certa animosidade satírica para com Eliot, antipatia que foi diminuindo ao longo dos anos.

sequer falar sobre Milton. O Sr. Eliot diz direta e francamente que os melhores poetas praticantes contemporâneos são o único "júri de julgamento"[3] cujo veredito sobre suas próprias percepções do *Paraíso perdido* ele aceitará. E o Sr. Eliot está aqui simplesmente explicitando uma noção que se tornou cada vez mais prevalente nos últimos cem anos — a de que os poetas são os únicos juízes da poesia. Se tomo as palavras do Sr. Eliot como pretexto para discutir essa noção, não se deve, por conta disso, presumir que o faço mais do que por conveniência, e ainda menos que desejo atacá-lo *quâ*[4] Sr. Eliot. Por que o faria? Concordo com ele em assuntos de tal importância que todas as questões literárias se mostram, em comparação, triviais.

Consideremos o que sucederia se tomássemos a percepção do Sr. Eliot com seriedade. A primeira consequência é que eu, não sendo um dos melhores poetas contemporâneos, não posso julgar de forma alguma a crítica do Sr. Eliot. O que hei então de fazer? Hei de ir atrás dos melhores poetas contemporâneos, que podem, e indagar-lhes se o Sr. Eliot está correto? Para fazer isso, no entanto, preciso primeiro saber quem são eles. E isso, hipoteticamente, não posso descobrir; a mesma falta de poeticidade que torna minhas opiniões críticas sobre Milton irrelevantes torna minhas opiniões sobre o Sr. Pound ou o Sr. Auden[5] igualmente irrelevantes. Devo ir até o Sr. Eliot e pedir que me diga quem são os melhores poetas

---

[3] *A Note on the Verse of John Milton. Essays and Studies* [Uma nota sobre os versos de John Milton: Ensaios e estudos], vol. 21, 1936.
[4] Em latim no original: "enquanto", "na qualidade de".
[5] Ezra Pound (1885–1972) e W. H. Auden (1907–1973): possivelmente os outros dois grandes nomes da poesia moderna de língua inglesa, sendo Pound contemporâneo de Eliot; enquanto Auden, que foi aluno e se correspondeu com J.R.R. Tolkien, grande amigo de Lewis, era visto naquele momento como o principal nome da geração seguinte.

contemporâneos? Mas isso, novamente, de nada adiantaria. Posso pessoalmente tomar o Sr. Eliot por poeta — de fato o tomo — mas então, como ele me explicou, meus pensamentos sobre tal aspecto são irrelevantes. Não consigo descobrir se o Sr. Eliot é ou não um poeta; e até ter descoberto não poderei saber se o seu testemunho quanto à poeticidade do Sr. Pound e do Sr. Auden é válido. E pela mesma razão não posso descobrir se o testemunho *destes* quanto à poeticidade *dele* é válido. Segundo tal percepção, os poetas se tornam uma sociedade irreconhecível (uma igreja invisível), e sua crítica mútua move-se no interior de um círculo fechado completamente inacessível em todos os pontos para qualquer forasteiro.

Mas mesmo dentro do círculo a situação é igualmente problemática. O Sr. Eliot está disposto a aceitar o veredito dos melhores poetas contemporâneos acerca de sua crítica. Mas como *ele* os reconhece enquanto poetas? Claramente, por ser ele mesmo um poeta; pois do contrário sua opinião é irrelevante. No alicerce de todo este edifício crítico, portanto, jaz o juízo "Eu sou um poeta". Mas este é um juízo crítico. Disso decorre portanto que quando o Sr. Eliot pergunta a si mesmo "Eu sou um poeta?", ele tem de *presumir* a resposta "Eu sou" antes de *encontrar* a resposta "Eu sou"; pois a resposta, sendo um exemplo de crítica, é unicamente válida *se* ele for um poeta. Ele se vê então compelido a postular a premissa antes de poder sequer começar.[6] De modo semelhante, o Sr. Auden e o Sr. Pound precisam postular a premissa antes que *eles* possam começar. Contudo, uma vez que homem algum dotado de elevada honra intelectual pode basear seu

---

[6] Lewis remete aqui à falácia de petição de princípio (*petitio principii*), que instaura um erro lógico ao incluir de forma disfarçada ou implícita na própria premissa, de fraca ou nenhuma verossimilhança, a conclusão que se deseja provar.

pensamento em uma *petitio* exposta, o verdadeiro resultado é que nenhum homem desse tipo pode criticar poesia de forma alguma, seja a sua própria ou a do vizinho. A república das letras se dissolve em um agregado de mônadas sem comunicação ou janelas; cada uma inadvertidamente coroou e mitrou a si mesma Papa e Monarca de Pontolândia.[7]

Em resposta a isso, o Sr. Eliot pode propriamente alegar que nos deparamos com o mesmo aparente círculo vicioso em outras máximas que eu teria menos facilidade de rejeitar: como quando dizemos que apenas um homem bom pode julgar a bondade, ou apenas um homem racional pode julgar os raciocínios, ou apenas um médico pode julgar a perícia médica. Precisamos, contudo, ter cuidado com falsos paralelos. (1) Na esfera *moral*, embora perspicácia e *performance* não sejam estritamente iguais (o que tornaria tanto a culpa quanto o anseio impossíveis), é no entanto verdade que a contínua desobediência à consciência leva à cegueira desta. Mas a desobediência à consciência é voluntária; a má poesia, por outro lado, não é usualmente feita de propósito. O escritor estava tentando fazer boa poesia. Ele estava se esforçando para seguir as luzes que lhe estavam disponíveis — um procedimento que na esfera moral é o penhor do progresso, mas não na poesia. Mais uma vez, um homem pode ficar de fora da classe dos "bons poetas" não por ser um mau poeta, mas por não escrever qualquer poesia, uma vez que em cada momento de sua vida desperta ele está ou obedecendo à lei moral ou infringindo-a. A cegueira moral decorrente de ser um homem mau deve portanto recair sobre todos que não são bons homens, enquanto a cegueira crítica

---

[7] Referência ao livro *Planolândia* (1884), de Edwin Abbott Abbot (1838–1926), que retrata um mundo bidimensional no qual as formas geométricas que o povoam conhecem unicamente as noções de comprimento e largura.

Prefácio ao Paraíso perdido

(se houver), ocasionada por ser um mau poeta, não precisa de forma alguma recair sobre todos que não são bons poetas. (2) O *raciocínio*, diferentemente da poesia, jamais é julgado *do lado de fora*. A crítica de uma linha de raciocínio é ela mesma uma linha de raciocínio: a crítica de uma tragédia não é ela mesma uma tragédia. Dizer que apenas o homem racional pode julgar raciocínios é, portanto, tornar a proposição meramente analítica "Apenas o homem racional pode raciocinar" paralela a "apenas o poeta pode fazer poesia", ou "apenas o crítico pode criticar", e de forma alguma paralela à proposição sintética "apenas o poeta pode criticar". (3) No que concerne à *perícia*, como na medicina ou na engenharia, é preciso distinguir. Apenas o perito pode julgar a perícia, mas isso não é o mesmo que julgar o valor do resultado. Cabe aos cozinheiros dizer se determinado prato demonstra a perícia de quem o fez; mas quanto ao fato de o produto no qual a perícia foi dissipada ser digno ou não de se comer é uma questão sobre a qual a opinião de um cozinheiro não tem qualquer peso particular. Podemos, portanto, permitir que os poetas nos digam (se ao menos tiverem experiência quanto ao mesmo *tipo* de composição) se é fácil ou difícil escrever como Milton, mas não se a leitura de Milton é uma experiência valiosa. Pois quem seria capaz de tolerar uma doutrina em que apenas os dentistas poderiam dizer se nossos dentes estão doendo, apenas os sapateiros poderiam dizer se nossos sapatos nos machucam, e apenas os governos poderiam nos informar se estamos sendo bem governados?

Esses são os resultados se aderirmos rigorosamente a tal posição. Mas é claro que, caso se esteja apenas a dizer por meio dela que um bom poeta, em outros aspectos em condição de igualdade (o que não costuma ser o caso), tem uma probabilidade razoável, ao falar sobre os tipos de poesia que ele mesmo escreveu bem e leu com deleite, de dizer algo mais digno de se ouvir do que outro, então não há motivo para negá-la.

CAPÍTULO 3

Épica primária

Então surge o prato primo com trompas em fanfarra,
das quais pendiam muitos pendões luzidios;
soam vibrantes tambores, e as belas flautas,
trilando indomadas, sua música fomentam,
e mui vário e vivo fez-se o enlevo ao ouvi-las.

Sir Gawain e o Cavaleiro Verde, v. 116-20[1]

Os críticos mais antigos dividiam a épica em primitiva e artificial, o que é insatisfatório, uma vez que nenhuma poesia antiga sobrevivente é realmente primitiva, e toda poesia é em algum sentido artificial. Prefiro dividi-la em épica primária e épica secundária — os adjetivos são meramente cronológicos e não implicam qualquer juízo de valor. *Secundária* aqui não quer dizer "de segunda classe", mas aquilo que vem depois, e se desenvolve a partir, da *primária*.

---

[1] De autoria desconhecida, *Sir Gawain e o Cavaleiro Verde* é uma das principais obras da poesia em inglês médio (1066–1453) e um dos grandes objetos de interesse de J.R.R. Tolkien, cuja tradução do poema, na qual me baseei para verter estes versos, foi publicada postumamente em 1975, acompanhada das traduções de outros dois poemas medievais, *Pearl* [Pérola] e *Sir Orfeo* [Sir Orfeu].

A épica primária será ilustrada a partir dos poemas homéricos e do *Beowulf* inglês, e nosso empenho aqui, assim como ao longo da presente discussão, será descobrir que tipo de coisa as épicas primárias eram, como se tencionava que fossem utilizadas e que expectativas almejavam satisfazer. Contudo, uma distinção precisa ser feita logo de início. Tanto *Beowulf* como os poemas homéricos, além de serem poesia, descrevem performances poéticas, em banquetes e situações afins, ocorrendo no mundo que nos dão a ver. De tais descrições podemos intuir o que era a épica na Idade Heroica; mas isso não implica que *Beowulf* e os poemas homéricos sejam o mesmo tipo de coisa. Eles podem ou não *ser* o que *descrevem*. É preciso, portanto, distinguir as condições literárias atribuídas à Idade Heroica no interior dos poemas sobreviventes — que, uma vez que estão descritas, podem ser estudadas —, das condições literárias nas quais os poemas sobreviventes foram eles mesmos produzidos, que só podem ser objeto de conjecturas. Passo agora, então, à certa consideração das condições literárias que Homero *descreve*.

Toda poesia é oral, transmitida pela voz, não sendo lida e, até onde sabemos, nem escrita. E toda a poesia é musical. O poeta a transmite acompanhada de algum instrumento (*fórminx* e *kithara* são os nomes dados a ele — ou eles). Penso, porém, ser possível detectar dois tipos no interior dessa poesia oral: uma poesia popular e uma poesia de corte. Lemos em certa passagem como "alegres rapazes e moças (em uma vindima) carregavam a doce fruta em cestas, e em seu meio um jovem tocava o instrumento encordado que açula o desejo e entoava o doce hino dedicado a Lino" (*Ilíada*, canto 18, v. 567-71). Ou, de novo, lemos sobre um recinto para dança onde "rapazes e moças dançavam de mãos dadas e em seu meio cantava o menestrel enquanto dois saltadores rodopiavam no centro"

(*Il.*, 18, v. 593 em diante).[2] Não há qualquer sugestão de corte em nenhuma das passagens. Se então nos voltarmos para cenas na corte encontraremos duas coisas acontecendo, das quais a primeira pode ou não diferir da poesia popular, mas que são certamente bastante distintas uma da outra. Na primeira, o poeta da corte se levanta, caminha até uma posição central em meio a uma trupe de experientes dançarinos e entoa uma balada curta que possui as três características de ser sobre deuses (e não homens), de ser cômica e de ser indecente. Essa é a poesia cortesã leve (*Odisseia*, canto 8, v. 256-65).[3] A poesia cortesã séria é outra questão. Uma cadeira é colocada para o poeta e um instrumento entregue em suas mãos. Uma mesa é disposta a seu lado com vinho, que ele pode beber "quando seu coração desejasse". Dentro em pouco, sem ordens do rei, ele começa sua balada quando a musa o impele; suas três características são versar sobre homens, ser historicamente verdadeira e ser trágica (*Od.*, 8, v. 62-75).[4]

---

[2] Lewis acopla aqui o conteúdo dos versos 593-4 e 604-6.

[3] Para que o leitor tenha uma ideia do que Lewis está falando, incluo aqui os versos correspondentes na tradução de Carlos Alberto Nunes (Nova Fronteira, 2015, p. 140): "Tais as palavras de Alcínoo deiforme. Entrementes, o arauto,/ corre a buscar no interior do palácio o cavado instrumento./ Nove juízes preclaros, também, se levantam agora,/ entre os do povo, que tudo dispõem segundo os preceitos./ Plano o terreno da dança deixaram o livre do povo./ Já pelo arauto trazido, chegava o instrumento canoro,/ para o cantor; a seguir, até o meio Demódoco avança;/ cercam-no jovens em flor, sabedores dos passos da dança./ Batem com os pés sobre solo divino. Odisseu admirava/ no coração bem-formado as pancadas dos pés, bem ritmadas".

[4] Na tradução de Nunes (Nova Fronteira, 2015, p. 135): "Já pelo arauto trazido o canto divinal se aproxima,/ que tanto a Musa distingue, e a quem males e bens concedera:/ tira-lhe a vista dos olhos, mas cantos sublimes lhe inspira. Junto de uma alta coluna, uma cadeira de enfeites de prata/ fê-lo Pontónoo sentar-se, no meio dos ledos convivas./ Prende-lhe o arauto o sonoro instrumento num gancho, que estava/ por sobre sua cabeça, e lhe ensina aonde a mão levantasse/ para alcançá-lo. Coloca-lhe ao lado uma mesa e uma cesta,/

Prefácio ao Paraíso perdido

O importante é notar que dos três tipos de *performance* mencionados, apenas o último é épico. A épica primária não deve ser identificada à "poesia oral da Idade Heroica" ou mesmo à "poesia de corte oral". Ela é *um* dos diferentes tipos de poesia ouvidos em uma corte heroica. Sua nítida distinção dos tipos mais ligeiros causa menor impressão em nós do que deveria porque apenas lemos a seu respeito. Se tivéssemos *visto* o poeta, inicialmente comandado a se levantar e tomar seu lugar em um balé cômico e indecente, e, mais tarde, assentado e honrado com vinho e a dar início espontâneo à sua balada trágica internamente instigado por uma deusa, nós jamais haveríamos de esquecer a diferença.

Se nos voltarmos para *Beowulf*, deparamo-nos com uma situação ligeiramente distinta. Nada ouvimos no poema sobre poesia fora da corte. Mas podemos suplementar *Beowulf* com outras fontes. No relato de Beda sobre Caedmon (*Ecclesiastical History of the English People*, vol. 4, v. 24),[5] temos o vislumbre de um banquete entre homens de aparente extração campesina, no qual cada um canta sucessivamente quando a harpa lhe chega às mãos. Chega a ser concebível que cada um tenha cantado

---

perto uma jarra com vinho, porque ele à vontade bebesse./ Todos as mãos estendiam, visando alcançar as viandas./ Tendo assim, pois, a vontade da fome e da sede saciado,/ a Musa logo o incitou a falar sobre os feitos dos homens, gestas/ de heróis, cuja fama o alto céu, nesse tempo, atingira,/ a dissensão entre Aquiles Pelida e Odisseu, tão falada [...]".

[5] Venerável Beda (c. 673–735): monge e erudito anglo-saxão que produziu trabalhos científicos, históricos e teológicos; entre eles, *Historiam ecclesiasticam gentis anglorum* [História eclesiástica do povo inglês] (730 d.C.). Composto originalmente em latim, este é o primeiro relato escrito sobre a Inglaterra do período anglo-saxônico, abarcando desde a invasão de Júlio César no século 1 a.C. até os anos formativos da cristandade inglesa; Caedmon (c. 657–684): o mais antigo poeta anglo-saxão conhecido. Seu único poema sobrevivente é um hino em louvor a Deus escrito com metro aliterativo em inglês antigo, sendo um dos exemplos mais arcaicos e influentes de poesia no idioma.

Épica primária

uma brevíssima balada heroica, mas não há qualquer razão para supor tal coisa. Certamente os anglo-saxões possuíam canções de tipo muito distinto. A carta de Alcuíno a Higebaldo em 797 é sempre citada porque, ao deplorar o uso da poesia pagã em casas religiosas ele menciona *Hinieldus*, que provavelmente é o genro de Hrothgar, Ingeld.[6] Mas também devemos nos lembrar de que ele clama antes pela "voz do leitor na casa do que a risada da turba nas ruas" (*"voces legentium in domibus tuis non ridentium turvam in plateis"*). Esta "risada" não estaria conectada às baladas heroicas. Sem dúvida, Alcuíno pode estar se referindo a conversas grosseiras, e de forma alguma à poesia. Parece-me, porém, bastante provável que ele quer dizer poesia cômica, e que poemas cômicos, ou ao menos leves, eram cantados nos banquetes em que Caedmon tomou parte. Trata-se abertamente de uma conjectura; entretanto, seria muito estranho se os ancestrais de Chaucer,[7] Shakespeare, Dickens[8] e do Sr. Jacobs[9] não tivessem produzido estórias divertidas.

---

[6] Alcuíno de York (c. 735–804): grande erudito de sua época e figura proeminente na renascença carolíngia, tendo produzido copiosa obra poética, teológica e didática e escrito centenas de cartas, das quais mais de trezentas sobreviveram; Higebaldo (?–803): bispo de Lindisfarne, tendo trocado frequentes cartas com Alcuíno, nas quais descreveu detalhadamente a incursão *viking* no mosteiro de Lindisfarne em 793 que resultou na morte de diversos monges. Em *Beowulf*, Ingeld é filho de Froda, chefe dos heathobardos, enquanto Hrothgar é o rei dos daneses a quem o protagonista homônimo presta auxílio na primeira parte do poema.
[7] Geoffrey Chaucer (1342–1400): poeta inglês e autor de *Os contos da Cantuária* (c. 1400).
[8] Charles Dickens (1812–1870): popular romancista inglês da era vitoriana e autor, entre outros, de *Oliver Twist* (1837), *David Copperfield* (1850) e *Grandes esperanças* (1861).
[9] William Wymark Jacobs (1863–1943): escritor inglês famoso por suas estórias humorísticas e cuja obra mais conhecida é o conto macabro *A pata do macaco* (1902).

Quando nos voltamos para a imagem da corte em *Beowulf*, encontramo-nos em terreno mais firme. No verso 2105 e nos seguintes temos uma performance do próprio Hrothgar. Aprendemos que ele por vezes (*hwilum*) apresentava um *gidd* ou balada que era *soþ* e *sarlic* (verdadeira e trágica), por vezes um conto maravilhoso (*sellic spell*), e por vezes, sob o peso dos grilhões da idade, ele principiava a rememorar sua juventude, a força que outrora possuía em batalha; o coração dilatando-se dentro dele ao relembrar os invernos desvanecidos. O Prof. Tolkien me sugeriu que este é um relato da poesia de corte em seu escopo completo, no qual três tipos de poema podem ser diferenciados — a elegia da mutabilidade (*hu seo prag gewat*) agora representada pelo *Wanderer* e pelo *Seafarer*, o conto de estranhas aventuras, e a balada "verdadeira e trágica", tal como o poema de *Finnsburg*, o único verdadeiramente épico.[10] O próprio *Beowulf* contém elementos do *sellic spell*, mas é certamente *sarlic* e provavelmente grande parte dele foi tomado por *soþ*. Sem forçar excessivamente tais distinções, podemos certamente concluir a partir dessa passagem que o autor de *Beowulf* está consciente dos diferentes tipos de poesia de corte. Aqui, assim como em Homero, épica não quer dizer simplesmente o que quer que era cantado no salão. Ela era um dos possíveis divertimentos, apartado dos outros

---

[10] Trata-se de três poemas relativamente conhecidos do *corpus* anglo-saxônico, todos de autoria anônima: *The Wanderer* [O andarilho] é uma elegia que, em forma de monólogo dramático, descreve as agruras enfrentadas do protagonista em sua vida como exilado após a morte de seu senhor; *The Seafarer* [O marinheiro], igualmente uma elegia, narra em primeira pessoa o rigor e o fascínio da vida marítima, equacionada pelo poeta a um exílio voluntário; por fim, *A batalha de Finnsburh* é um poema heroico quase certamente incompleto, cujo único registro é uma transcrição de 1705 e que parece discorrer sobre um trecho da luta entre Finn, rei dos frísios, e Hengest, líder danês, contenda que também aparece em *Beowulf*.

Épica primária

em Homero pela espontaneidade e pelo caráter semioracular da performance do poeta, e tanto em Homero como em *Beowulf* pela qualidade trágica, pela suposta verdade histórica e pela gravidade imanente à "tragédia verdadeira".

Eis, portanto, a épica tal como primeiro a encontramos; o mais altivo e grave entre os tipos de poesia de corte do período oral, uma poesia *sobre* nobres, feita *por* nobres e ocasionalmente performada *pelos* nobres (cf. *Il.*, 9, v. 189).[11] Haveremos de nos extraviar perpetuamente se de partida não tivermos bem fixada em nossa mente a imagem de uma figura venerável, um rei, um grande guerreiro ou um poeta inspirado pela musa, assentado e a cantar junto da harpa um poema sobre assuntos elevados diante de uma assembleia de nobres em uma corte, em um tempo no qual a corte era o centro comum de muitos interesses que foram desde então separados; quando ela era não apenas o Castelo de Windsor, mas também a Casa de Somerset, o Horse Guards, o Covent Garden, e talvez até mesmo, em certos aspectos, a Abadia de Westminster, da tribo.[12] Mas, também, ela era o lugar

---

[11] Lewis refere-se aqui à cena em que Aquiles, inflexível em sua decisão de não lutar contra troianos por conta da ofensa que Agamémnone lhe fizera, tange uma lira e entoa uma canção heroica para deleite seu e do companheiro Pátroclo.

[12] Locais eminentes e facilmente reconhecíveis pelos leitores britânicos. O Castelo de Windsor, construído no século 11 em Berkshire, já desempenhou funções políticas e mesmo militares, funcionando hoje como residência real e ponto turístico. A Casa de Somerset é um palácio neoclássico, construído e reformado entre os séculos 17 e 18, localizado no centro de Londres e que já abrigou diversos departamentos governamentais e hoje funciona como centro cultural. O Horse Guards é uma construção histórica datada de meados do século 18 e foi, até 1858, o principal quartel-general do Império Britânico, funcionando hoje parcialmente como museu. Também na capital inglesa, o Covent Garden, inicialmente uma praça pública e depois um grande mercado, é uma área famosa por seu

das festividades, o lugar com as lareiras mais luminosas e as bebidas mais fortes, lugar de cortesia, divertimento, notícias e amizades. Tudo isso está muito distante do Sr. John Milton imprimindo um livro a ser vendido na Londres do século 17, mas não é irrelevante. Desde sua associação inicial com a corte heroica, a poesia épica foi marcada por uma qualidade que permanece, com estranhas transformações e enriquecimentos, até a própria época de Milton, e é uma qualidade que os modernos têm dificuldade em compreender. Ela foi cindida, ou dissociada, por desenvolvimentos recentes, de modo que agora temos de representá-la pelo agrupamento de ideias que nos parecem bastante desconectadas, mas que na verdade são fragmentos de uma antiga unidade.

Essa qualidade será compreendida por qualquer um que realmente compreenda o significado da palavra do inglês médio *solempne*. Ela quer dizer algo diferente, mas não tão diferente, do inglês moderno *solemn* [solene]. Tal como *solemn* ela implica o oposto do que é familiar, livre e fácil, ou ordinário. Diferentemente de *solemn*, porém, ela não sugere obscuridade, opressão ou austeridade. O baile no primeiro ato de *Romeu e Julieta* era uma "solenidade". O banquete no início de *Gawain e o Cavaleiro Verde* é marcadamente uma solenidade. Uma grande missa de Mozart ou Beethoven é igualmente uma solenidade tanto em seu hílare *gloria*, como no pungente *crucifixus est*. Banquetes são, nesse sentido, *mais* solenes do que jejuns. A Páscoa é *solempne*, a Sexta-Feira Santa, não. O *Solempne* é a festividade que é também imponente e

---

comércio e entretenimento, incluindo performances de artistas de rua. Por fim, a Abadia de Westminster é o local tradicional de coroamento e sepultamento de monarcas ingleses, abrigando também os restos mortais de notáveis poetas, cientistas e líderes militares.

Épica primária

cerimoniosa, a ocasião propícia para a *pompa* — e o próprio fato de que *pomposo* é agora usado apenas em um sentido negativo dá a medida do quanto perdemos a antiga ideia de "solenidade". Para recuperá-la é preciso pensar em um baile da corte, ou uma coroação, ou uma marcha da vitória, tal como são essas coisas para aqueles que as apreciam. Em uma era na qual todos vestem suas roupas mais velhas para serem felizes, é preciso despertar outra vez o estado de espírito mais simples em que as pessoas vestiam dourado e escarlate para serem felizes. Acima de tudo, é preciso se livrar da ideia hedionda, fruto de um complexo de inferioridade amplamente disseminado, de que pompa, em ocasiões propícias, tem qualquer conexão com vaidade ou presunção. Um celebrante aproximando-se do altar, uma princesa conduzida por rei para dançar um minueto, um oficial-general em um desfile cerimonial, um mordomo vindo à frente da cabeça do javali num festim de Natal[13] — todos estes vestem roupas inusuais e movem-se com calculada dignidade. Isso não quer dizer que sejam vãos, mas sim obedientes; eles estão obedecendo o *hoc age*[14] que preside cada solenidade. O hábito moderno de fazer coisas cerimoniais de modo não cerimonioso não é qualquer prova de humildade; ele antes prova a inabilidade do ofensor de esquecer a si mesmo durante o rito, e sua prontidão para arruinar para todos os demais o prazer particular do ritual.

Esta é a primeira barreira que devemos superar. A épica, desde o início, é *solempne*. Você pode esperar pompa. Você há

---

[13] Durante a Idade Média, a cabeça de javali em conserva era uma carne tradicionalmente consumida no Natal.
[14] Expressão latina pronunciada solenemente por um arauto quando os antigos romanos estavam a ponto de realizar um sacrifício público: "faça-o; dedique-se ao que está a ponto de fazer". A intenção era instigar-lhes uma atenção completa no cumprimento de seu dever religioso.

Prefácio ao Paraíso perdido

de "*assister*" [assistir], como dizem os franceses, à uma grande ação festiva. Enfatizei esse aspecto neste estágio inicial porque os equívocos devem ser erradicados desde o começo. Mas a nossa história da épica nos trouxe até agora apenas ao germe da *solenidade* épica. A épica não declina da balada na corte heroica para o nível miltônico, mas se eleva; ela acumula *solenidade* e dela se enriquece com a passagem dos séculos.

Isso basta quanto aos poemas mencionados em Homero e *Beowulf*, mas e quanto aos próprios Homero e *Beowulf*? São também poesia de corte oral do tipo descrito?

Se "Homero" é ou não poesia oral é uma pergunta que tem grandes chances de ser respondida. Deve-se evitar, é claro, a confusão de equiparar poesia "oral" ou recitada com poesia anônima, e ainda menos com poesia popular. O Sr. Nilsson nos fala de um poeta moderno na Sumatra que gastou cinco anos na composição de um único poema, embora não pudesse ler nem escrever (*Homer and Mycenae*, cap. 5).[15] A pergunta sobre a *Ilíada* ser poesia oral está bastante distante da questão da autoria. E até mesmo distante da questão quanto ao autor ser ou não letrado. Por poesia oral quero dizer poesia que chega até seu público por meio da recitação; um manuscrito, no fundo, não alteraria seu caráter oral desde que fosse um guia para o recitador, e não um livro a ser vendido ao público ou entregue ao patrono. A verdadeira pergunta é se os poemas homéricos foram compostos para recitação. Ambos são notoriamente longos para serem recitados por inteiro. Mas a *Odisseia* nos mostra como tal problema poderia ser resolvido; um poeta, instado a contar a estória do Cavalo de

---

[15] Martin Persson Nilsson (1874–1967): filólogo sueco, mitógrafo e estudioso das religiões grega, helenística e romana, cujo livro *Homer and Mycenae* [Homero e Micenas] foi publicado em 1933.

Troia, começa no "momento em que [os gregos] zarparam" (canto 8, v. 500);[16] em outras palavras, ele parece estar familiarizado com a prática de uma recitação seriada ou seletiva de um poema (ou conjunto de poemas) demasiado longo para ser recitado por completo. E sabemos que Homero era de fato assim recitado serialmente por rapsodos que se revezavam no festival de Panateneia,[17] no período histórico. Não há evidências contrárias ao estatuto oral dos poemas, e grande probabilidade a seu favor. Quanto a *Beowulf*, não há quaisquer evidências externas. Ele é facilmente recitável e levaria por volta de três horas; com uma pausa no meio, não seria algo demasiadamente longo. Mas quanto a *Beowulf*, e quanto aos poemas homéricos, existem evidências internas. Ambos partilham da técnica oral, das repetições e da dicção estilizada da poesia oral. Se não eram propriamente orais, eles ao menos foram rigorosamente moldados a partir de obras de tal tipo. E nisto reside nosso principal interesse.

Resta indagar se são poesia de corte. *Beowulf* certamente é. Sua preocupação com a honra, sua atenção exclusiva à vida das cortes, seu interesse por etiqueta (*dugupe peaw*)[18] e por genealogia dirimem qualquer dúvida. Homero é mais duvidoso. Vimos que em tempos históricos, ele era recitado não nas

---

[16] Na tradução de Carlos Alberto Nunes (Nova Fronteira, 2015, p. 147) para os versos 499-504, temos: "Disse. O cantor, por um deus inspirado,/ dá logo começo,/ tendo tomado do ponto em que, entrados nas naus bem cobertas,/ velas desfraldam, depois de nas tendas o fogo lançarem,/ no tempo em que muitos se achavam na praça de Troia/ junto do mais famoso Odisseu, e escondidos no bojo/ desse cavalo, que os próprios Troianos à acrópole tiram".
[17] As Panateneias eram festas recorrentes dedicadas à deusa Atena.
[18] Na tradução em prosa de Elton Medeiros (*Beowulf e outros poemas anglo-saxônicos*, Editora 34, 2022, p. 47), o trecho contendo a expressão é traduzido por "ele conhecia os costumes dos nobres".

cortes, mas em grandes festivais nacionais, e é possível que os poemas também tenham sido compostos para eles. Em outras palavras, trata-se de poesia de corte ou de poesia de festival. Se for esta, então a épica, desde o tempo das mais antigas baladas, ascendeu em vez de declinar. A solenidade original do salão foi permutada pela maior solenidade do templo ou do fórum. Nossa primeira imagem do poeta épico precisa ser modificada pelas associações com incenso, sacrifício, orgulho cívico e festa pública; e uma vez que tal mudança certamente ocorreu mais cedo ou mais tarde, podemos muito bem fazer o ajuste agora. Distanciamo-nos ainda mais do âmbito solitário, privado e de poltrona que uma pessoa moderna associa à palavra "poesia".

Homero e *Beowulf*, portanto, independentemente de como ou quando foram de fato produzidos, pertencem à tradição da épica primária, e desta herdaram tanto sua técnica oral quanto seu tom festivo, aristocrático, público e cerimonial. As consequências estéticas disso agora requerem nossa atenção.

CAPÍTULO 4

A técnica da épica primária

Feito escravas suas palavras abriam tapetes de glória
Bordados com os nomes dos Jinns — milagrosa tecelagem —
Mas o olhar frio e perspicaz tudo tomou por miragem.

Kipling[1]

A característica mais óbvia de uma técnica oral é seu uso contínuo de palavras, expressões ou mesmo versos formulaicos inteiros. É importante compreender de partida que estes não são uma reserva à qual os poetas recorrem quando a inspiração não lhes vem: eles são igualmente frequentes nas passagens mais e menos bem realizadas. Nos 103 versos da despedida de Heitor e Andrômaca (considerada com justiça um dos cimos da poesia europeia), frases, ou mesmo versos inteiros,

---

[1] Trata-se dos versos 12-14 do poema "The Captive" [O cativo], de Joseph Rudyard Kipling (1865–1936), poeta inglês nascido na Índia, prosador e jornalista e autor, entre muitas outras obras, de *Os livros da selva* (1894–1895), coleção de contos que têm como personagem principal Mogli, o menino lobo.

que repetidamente aparecem em Homero são empregadas por 28 vezes (*Il.*, 6, v. 390-493). Grosso modo, um quarto da passagem inteira é "formulaica". No discurso derradeiro de Beowulf a Wiglaf (*Beowulf*, v. 2794-820), há seis ocorrências de expressões "formulaicas" em 28 versos — mais uma vez, elas ocupam por volta de um quarto do todo.

Tal fenômeno foi explicado com bastante frequência a partir da perspectiva do poeta. "Estas repetições", diz o Sr. Nilsson, "são de grande auxílio para o cantor, pois enquanto as recita mecanicamente, ele está subconscientemente dando forma ao verso seguinte" (*Homer and Mycenae*, p. 203). Toda arte, porém, é feita para *ser vista* pelo público. Nada pode ficar à mostra, por mais útil que seja para o recitador, se não for capaz de causar deleite ou de ser ao menos tolerável para quem lhe assiste. O que ocorre no palco deve ser julgado de frente. Se o conforto do poeta fosse a única a coisa a ser considerada, qual o sentido de haver uma recitação? Ele já não se encontra em ótimas condições, com o vinho à mão e sua porção do porco assado? Devemos, portanto, considerar o que estas repetições fazem pelos ouvintes, não o que fazem pelo poeta. E podemos observar que esta é a única questão estética ou crítica. Música não significa os ruídos que são bons de se fazer, mas os ruídos que são bons de se ouvir. Boa poesia não quer dizer a poesia que os homens gostam de compor, mas a poesia que os homens gostam de ouvir ou de ler.

Se alguém fizer a experiência de passar uma ou duas semanas sem ler e sim a escutar bastante poesia, tal pessoa logo descobrirá a razão de ser das expressões formulaicas. É uma necessidade primária da poesia oral que os ouvintes não sejam surpreendidos de forma muito frequente ou excessiva. O inesperado nos fatiga: também levamos mais tempo para compreendê-lo e apreciá-lo do que em relação ao esperado. Um verso que faz o ouvinte estacar é um desastre na poesia oral porque o faz perder o verso seguinte. E mesmo se ele não perder o seguinte, o verso raro e exuberante não justifica sua feitura. No fluxo da recitação, *nenhum* verso individual será levado em grande conta. O prazer que os modernos mormente desejam obter da poesia impressa está de qualquer forma excluído. Você não pode ficar ponderando versos individuais e deixar que eles se dissolvam na mente feito pastilhas. Este é o jeito errado de fazer uso de tal tipo de poesia. Ele não é construído a partir de efeitos isolados; a poesia está no parágrafo, no episódio por inteiro. Buscar por "bons" versos individuais é como buscar por "boas" pedras em uma catedral.

A linguagem, portanto, deve ser *familiar* no sentido de ser esperada. Contudo, na épica, que é a espécie mais elevada de poesia de corte oral, ela não deve ser *familiar* no sentido de ser coloquial e corriqueira. O desejo pela simplicidade é algo tardio e sofisticado. Nós, modernos, podemos gostar de danças dificilmente distinguíveis de uma caminhada e de poesia que soa como se pudesse ser proferida *ex tempore*.[2] Nossos ancestrais não gostavam disso. Eles gostavam de uma dança que fosse, de fato, uma dança, e roupas finas que ninguém confundiria com roupas de trabalho, e banquetes que ninguém confundiria com jantares habituais, e poesia que descaradamente se proclamava como poesia. Qual o sentido de ter um poeta, inspirado pela musa, se ele conta as estórias tal como você ou eu as teríamos contado? Veremos que essas duas demandas, em conjunto,

---

[2] Expressão latina com o sentido de algo que ocorre fora do tempo propício, de forma repentina ou imprevista; extemporâneo.

realmente exigiam uma dicção poética;[3] isto é, uma linguagem que é familiar porque é usada em cada parte de cada poema, mas que não é familiar porque não é usada fora da poesia. Um paralelo, de esfera distinta, seria peru e pudim de ameixa no dia de Natal; ninguém se surpreende com o cardápio, mas todos reconhecem que não se trata de uma refeição *comum*. Outro paralelo seria a linguagem de uma liturgia. Frequentadores habituais de igreja não se surpreendem com o serviço — na verdade, eles sabem boa parte dele de cor; mas é uma linguagem à parte. Dicção épica, refeição natalina e liturgia são todos exemplos de ritual — isto é, de algo deliberadamente apartado do uso diário, mas completamente familiar dentro da própria esfera. O elemento ritualístico que alguns desgostam na poesia de Milton permeia assim o épico desde o começo. Sua pertinência em Milton será mais tarde considerada; mas aqueles que geralmente desgostam de rituais — rituais em todo e qualquer aspecto da vida — podem ser seriamente instados a reconsiderar a questão. É um padrão imposto sobre o mero fluxo de nossos sentimentos pela razão e pela vontade que torna os prazeres menos fugazes e os pesares mais suportáveis, que cede ao poder do sábio costume a tarefa (para a qual o indivíduo e suas disposições são tão inadequados) de ser festivo ou sóbrio, alegre ou reverente, quando escolhemos sê-lo, e não ao sabor do acaso.

Este é o denominador comum de toda a poesia oral. Em face dele agora podemos discernir as diferenças entre um poema e outro. A dicção épica de Homero não é a mesma de

---

[3] Embora vá citar a obra e seu autor mais adiante neste capítulo, Lewis certamente já leva em conta aqui o importante livro de seu amigo filósofo, poeta e crítico Owen Barfield (1898–1997), intitulado justamente *Dicção poética: Um estudo do significado* (1928), obra que exerceu considerável influência no pensamento de Lewis e Tolkien e que será referenciada, aqui, como *Poetic Diction*.

Beowulf. Parece-me quase certo, com base na linguagem e no metro, que a épica grega era recitada mais rapidamente. Ela demanda, portanto, repetições mais abundantes e abrangentes. O real funcionamento da dicção homérica é digno de nota. A imutável recorrência do seu *vinoso mar*, sua *dedirrósea aurora*, suas naus lançadas *no sacro oceano*, seu *Posêidon treme--solo* produzem um efeito que a poesia moderna, exceto no que aprendeu com o próprio Homero, não é capaz de obter.[4] Tais repetições enfatizam o imutável ambiente humano. Elas expressam um sentimento muito profundo e muito frequente na vida real, mas mal representado em outros textos literários. O que verdadeiramente temos em mente quando primeiro miramos o mar após uma longa ausência, ou olhamos para cima, como cuidadores em um quarto de doente ou como sentinelas, para ver mais uma alvorada? Muitas coisas, sem dúvida — todo tipo de esperanças e medos, dor e prazer, e a beleza ou rudeza daquele mar específico ou daquela aurora específica. Sim; mas debaixo de tudo isso, feito um alicerce tão profundo que mal se pode ouvir, há algo que podemos expressar muito desajeitadamente ao murmurar "o mesmo mar de sempre" ou "a mesma aurora de sempre". A permanência, a indiferença, o fato angustiante ou consolador de que, mesmo se chorarmos ou rirmos, o mundo é o que é, sempre adentra nossa experiência e desempenha um papel não diminuto naquela pressão da realidade que é uma das diferenças entre a vida e a vida imaginada. Mas em Homero a pressão se faz notar. As sílabas sonoras em que ele estereotipou o mar, os deuses, a manhã ou as montanhas fazem parecer que não

---

[4] Na tradução das quatro expressões formulares, com exceção da terceira, optei pelas excelentes soluções propostas por Christian Werner (primeira e última) e Odorico Mendes (segunda) em suas traduções da *Odisseia*.

estamos lidando com uma poesia sobre as coisas, mas quase como que com as próprias coisas. É isso que produz o que Kinglake (*Eothen*, cap. 4),[5] chamou de "a forte luz vertical da poesia de Homero" e levou o Sr. Barfield a dizer que nela "não era o homem que criava, mas os deuses" (*Poetic Diction*, p. 96).

O resultado geral disso é que a poesia de Homero é, em grau incomum, crível. Não há qualquer proveito em debater se algum dos episódios poderia ter de fato ocorrido. Nós testemunhamos sua ocorrência — e não parecia haver qualquer poeta fazendo a mediação entre nós e o acontecimento. Uma garota anda pela praia e um amante desconhecido a abraça, e uma onda sombriamente cintilante arqueia-se sobre eles feito uma colcha enquanto eles lá se deitam; e, depois de ter encerrado seus feitos amorosos, ele revela seu nome: "Escuta, sou Posêidon treme-solo" (*Od.*, 11, v. 241-52). Porque nos deparamos com "treme-solo" vez após outra nesses poemas onde não havia qualquer milagre em curso, porque aquelas sílabas passaram a nos afetar quase como a presença do mar imutável no mundo real, somos compelidos a aceitar isso. Chame de disparate, se preferir; nós o testemunhamos. O próprio mar salgado, e não qualquer pantomima ou personagem ovidiano vivendo *no* mar, engravidou uma mulher mortal. Cabe a cientistas e teólogos explicarem isso da melhor forma que puderem. O fato é irrefutável.

A dicção também produz o esplendor infatigável e a pungência impiedosa dos poemas homéricos. Acontecimentos infaustos ou mesmo sórdidos podem suceder; mas o fulgor

---

[5] Lewis refere-se à obra *Eothen, or, Traces of Travel Brought Home from the East* [Eothen, ou, vestígios de viagem trazidos ao lar do Oriente], do historiador e escritor inglês Alexander William Kinglake (1809–1891), um relato da viagem empreendida pelo autor à região do Levante em 1834.

do sol, a vastidão "treme-folhas" das montanhas, a obstinada pujança dos rios, lá se encontram o tempo todo, sem qualquer sugestão (como poderia se dar com um poeta romântico) das "consolações da natureza", mas meramente como um fato. O esplendor homérico é o esplendor da realidade. O *páthos* homérico golpeia com força precisamente porque parece impremeditado e inevitável como o *páthos* da vida real. Ele surge do embate entre emoções humanas e o vasto e indiferente pano de fundo que os epítetos convencionais representam. "Ὣς φάτο, τοὺς δ' ἤδη κάτεχεν φυσίζοος αἶα" (*Il.*, 3, v. 243).[6] Assim falou Helena acerca de seus irmãos, crendo-os vivos, mas em verdade a terra nutriz já os tinha coberto, em Lacedemônia, sua pátria querida. O comentário de Ruskin é insuperável: "Observe-se aqui a alta verdade poética levada ao extremo. O poeta tem de falar sobre a terra com tristeza, mas ele não permitirá que aquela tristeza afete ou altere seus pensamentos sobre ela. Não; embora Castor e Polideuces estejam mortos, a terra ainda é nossa mãe, fecunda, nutriz. Estes são os fatos da coisa. Não vejo nada além deles. Faça deles o que preferir" (*Modern Painters*, parte 4, cap. 12, "Of the Pathetic Fallacy").[7] E, contudo, mesmo isso não chega a exaurir a passagem. Ao traduzir, tivemos de dizer "sua pátria querida". Mas *querida* é errôneo. A palavra usada por Homero não descreve de fato quaisquer emoções

---

[6] Lewis cita em grego o verso 243 e traduz em seguida os versos 243-4. Na tradução de Carlos Alberto Nunes (Nova Fronteira, 2015, p. 106): "Eles, porém, pela terra, que a vida produz incessante,/ já se encontravam cobertos, na pátria querida, a Lacônia".
[7] John Ruskin (1819–1900): polímata britânico de grande influência, sobretudo na era vitoriana, por conta de seus escritos sobre arte e arquitetura, dentre os quais se destacam *Modern Painters* [Pintores modernos] (1843) e *The Stones of Venice* [As pedras de Veneza] (1851–1853).

de alguém em um ponto específico. Ela é usada sempre que ele menciona alguma coisa que pertence ao homem, de modo que um crítico indiferente poderia dizer que se tratava simplesmente do grego homérico para o adjetivo pertencente. Na verdade, porém, é muito mais do que isso. É a palavra para *querida*, mas ao ser recorrentemente utilizada vem a sugerir aquela relação inalterável, muito mais profunda do que afeição e compatível com todas as mudanças de disposição, que une um homem comum à sua mulher, ao seu lar ou ao seu próprio corpo — o elo de um "pertencimento" mútuo que lá se encontra mesmo quando deles desgosta.

Precisamos evitar um erro que as palavras de Ruskin podem sugerir. Não devemos pensar em Homero calculando esses efeitos, verso a verso, como faria um poeta moderno. Uma vez estabelecida, a dicção trabalha por conta própria. Para quase qualquer coisa que o poeta queria dizer, basta convertê-la nessa dicção ortodoxa e pré-moldada, e ela se faz poesia. "O que quer que a Senhorita T come transforma-se na Senhorita T."[8] A dicção épica, como disse Goethe, é "uma língua que pensa e poetiza por você" ("*Eine Sprache die für dich dichtet und denkt*").[9] A artesania consciente do poeta vê-se assim liberta para devotar-se por inteiro aos problemas de grande escala

---

[8] Lewis cita os versos 3 e 4, sem indicar sua quebra, do poema "Miss T" [Senhorita T], que integra a obra *Peacock Pie* [Torta de pavão] (1913) de Walter de la Mare (1873–1956), poeta e prosador inglês que Lewis conheceu e admirava.

[9] Trata-se, na verdade, de uma frase do poeta, filósofo e historiador alemão Friedrich Schiller (1759–1805) que integra a obra *Die Xenien* [As xênias] (1796), coleção de poemas satíricos escrita em colaboração com Goethe, de quem foi um importante interlocutor, contra seus opositores críticos. A fonte do equívoco provavelmente reside no livro de Martin Nilsson, *Homer and Mycenae*, que cita a frase em alemão exatamente como Lewis a reproduz, atribuindo-a, porém, a Goethe.

— construção, delineamento de personagem, invenção; sua poética *verbal* tornou-se um hábito, feito uma gramática ou articulação. Evitei empregar tais palavras como *automático* ou *mecânico*, as quais trazem uma falsa sugestão. Uma máquina é composta por materiais inorgânicos e tira partido de certos poderes não humanos, como a gravidade ou a força do vapor. Mas cada locução homérica foi originalmente inventada por um homem e é, como toda linguagem, uma coisa humana. É como uma máquina, na medida em que o poeta individual libera, ao fazer uso dela, um poder que não é seu; porém, ele libera vida e experiência humanas armazenadas — não a vida e a experiência *dele próprio*, mas nem por isso algo menos humano e espiritual. A imagem de uma musa — uma figura suprapessoal, embora antropomorficamente concebida — é, portanto, mais precisa do que a de algum tipo de mecanismo. Sem dúvida tudo isso é muito diverso da receita de poesia apreciada nos dias de hoje. Mas contra fatos não há argumentos. A despeito do que se possa dizer, o resultado dessa dicção completamente artificial é um grau de objetividade que poesia alguma jamais superou. Homero aceita a artificialidade desde o início: mas, no fim das contas, "natural" é um epíteto demasiado fraco para o que ele representa. Ele não tem mais motivos para se preocupar em ser "natural" do que a própria natureza.

Até certo ponto, a técnica de *Beowulf* é a mesma de Homero. Ele, também, tem suas expressões reiteradas, *under wolcnum* [sob os céus], *in geardum* [na corte],[10] e a vida, e seus nomes "poéticos" para a maior parte das coisas que o autor deseja mencionar. Uma de suas diferenças em relação a Homero, na verdade, é o número de palavras sinônimas que o

---

[10] Nas traduções de termos e expressões de *Beowulf*, sigo mormente a tradução em prosa de Elton Medeiros (Editora 34, 2022).

poeta pode usar para a mesma coisa: Homero não possui qualquer lista de alternativas comparável às palavras beowulfianas para homem — *beorn, freca, guma, hælep, secg, wer*. Da mesma forma, *Beowulf* tem maior apreço do que Homero pela repetição parcial, por usar formas levemente variadas de uma locução ou composto poético. Assim, na passagem já mencionada, *Wuldorcyninge* [rei da glória] não ocorre, creio, em nenhuma outra parte no poema, mas *wuldres wealdend* [regente da glória] e *wuldres hyrde* [guardião da glória], sim. De modo semelhante, *wordum secge* [dizendo em palavras] é uma repetição parcial de *wordum bædon* [considerando os planos], *wordum wrixlan* [trocar palavras] e *wordum nægde* [com palavras se dirigiu]; *wyrd forsweop* [o destino varreu], de *wyrd fornam* [o destino o levou], *deap fornam* [a morte levou] e *gupdeap fornam* [a morte em batalha levou]. Em parte, essa diferença de técnica é acompanhada por um verso mais curto, uma linguagem mais cheia de consoantes e, sem dúvida, por uma recitação mais lenta e enfática. Ela é acompanhada pela diferença entre um metro quantitativo e outro que faz uso tanto da quantidade quanto da acentuação silábica, exigindo sua união para aquela característica do verso aliterativo chamada peso.[11] Uma das grandes passagens de Homero parece uma investida da cavalaria; uma de *Beowulf* parece golpes de um martelo, ou o repetido estrondo de vagalhões na praia. As palavras fluem em Homero; em *Beowulf*, espedaçam-se em grumos massivos. Os ouvintes têm mais tempo para ruminá-las. O auxílio da pura repetição faz-se menos necessário.

---

[11] Enquanto a poesia grega estaria amparada sobretudo na noção de quantidade silábica (cada sílaba possui determinada duração, alternando entre longas e breves), a poesia anglo-saxônica se apoia na mesma ideia, mas também de outro princípio, o da acentuação silábica, em que as sílabas são classificadas entre tônicas e átonas.

A técnica da épica primária

Tudo isso não se encontra apartado de uma diferença mais profunda de caráter. A objetividade do pano de fundo imutável que é a glória da poesia de Homero não é igualmente uma característica de *Beowulf*. Comparado à *Ilíada*, *Beowulf* já é, em certo sentido, "romântico". Suas paisagens possuem uma qualidade espiritual. A região assolada por Grendel expressa as mesmas coisas que o próprio Grendel: a "soturnez visionária" de Wordsworth[12] está aqui prenunciada. A poesia perdeu algo com a mudança, mas também ganhou. O ciclope homérico parece um mero títere ao lado do triste e exilado *ellorgast*,[13] ou do ciumento e merencório dragão do poema inglês. Certamente não há mais sofrimento por trás de *Beowulf* do que por trás da *Ilíada*; mas há uma consciência do bem e do mal que Homero não possui.

A técnica oral "peculiar" do poema mais tardio, aquilo que o distingue mais nitidamente de Homero, é a variação ou paralelismo que a maior parte de nós primeiro encontrou nos Salmos. "Aquele que habita nos céus se rirá; o Senhor zombará deles." [Salmos 2:4, ARC]. A regra é que quase tudo deve ser dito mais de uma vez. A prosa fria acerca do barco no qual o corpo morto de Scyld foi aviado (*Beow.*, v. 50) é a de que ninguém sabe o que foi feito deste. A versão poética é a de que "Os homens veramente desconheciam, os que no salão falavam desconheciam, os guerreiros sob o céu desconheciam, quem aquela carga recebeu".

---

[12] Referência à expressão "*visionary dreariness*", presente no livro décimo segundo de *The Prelude* [O prelúdio] (1850), a grande obra do poeta inglês William Wordsworth (1770–1850), um dos iniciadores do romantismo na Inglaterra ao lado do amigo e também poeta Samuel Taylor Coleridge (1772–1834).

[13] Na tradução de Elton Medeiros (Editora 34, 2022, p. 83), "espírito estrangeiro", epíteto aplicado a Grendel.

CAPÍTULO 5

O assunto da épica primária

Os Deuses criaram um homem chamado Kvásir que era tão sábio que não havia pergunta que você pudesse fazer para a qual ele não tivesse a resposta. Ele viajou por todo o mundo a instruir os homens, até que se tornou hóspede de dois anões. Eles o puseram a falar e conseguiram matá-lo. Então misturaram mel ao sangue dele e fizeram tal hidromel que quem quer que dele bebesse tornava-se poeta.

Abreviado do *Bragaröpur*, cap. 57[1]

---

[1] A narrativa mais detalhada sobre a origem do *skáldskapar mja*ð*ar*, o hidromel da poesia, ou néctar poético, encontra-se na seção intitulada *Skáldskaparmál* da *Edda em prosa*, um manual de mitologia para jovens poetas compilado pelo poeta e historiador islandês Snorri Sturluson (1179–1241) e ainda hoje uma das principais fontes, ao lado da *Edda poética*, sobre a mitologia nórdica. Para além de conferir o dom de recitar poesia e resolver questões intelectuais, a bebida embriagante também estava associada ao êxtase religioso, à atividade das profetisas e, de modo geral, ao deus Odin, visto muitas vezes como mestre da poesia e herói cultural. Ao utilizar o nome *Bragaröpur*, Lewis provavelmente se refere ao *Bragaræður* [Conversas de Bragi], nome atribuído por alguns estudiosos a uma parte da *Edda em prosa* cujo conteúdo, na maior parte dos manuscritos preservados, encontra-se diluído no *Skáldskaparmál* e colocado na boca de Bragi, figura mitológica possivelmente inspirada em Bragi Boddason, o antigo, o mais arcaico dos escaldos ou poetas nórdicos.

No relato precedente sobre a épica primária, o leitor pode ter percebido a ausência de uma característica que críticos posteriores por vezes consideraram essencial. Nada foi dito acerca da grandeza do assunto. Sem dúvida, os épicos sobre os quais temos refletido não lidam com questões cômicas ou idílicas; mas e quanto ao tema épico tal como as eras posteriores o conceberam — o vasto assunto nacional ou cósmico de interesse suprapessoal?

Em minha opinião, o grande tema ("a vida de Arthur, ou a queda de Jerusalém") não era uma marca da épica primária. Ele adentra a épica com Virgílio, cuja posição nessa estória é central e que alterou a própria noção de épica; ele o fez de tal forma que ora creio sermos tentados a projetar o grande assunto na épica primária onde ele não existe. Contudo, uma vez que isso pode ser contestado, consideremos *Beowulf* e os poemas homéricos a partir deste ponto de vista.

A *Odisseia* está claramente fora da disputa. O simples fato de que estas aventuras sucederam a Odisseu enquanto ele retornava da Guerra de Troia não faz dessa guerra o assunto do poema. Nosso interesse encontra-se nas aventuras de um indivíduo. Se ele é um rei, é um rei de um país demasiado pequeno, e dificilmente há qualquer tentativa de fazer Ítaca parecer importante, exceto enquanto o lar e os bens do herói são importantes em qualquer estória. Não há qualquer pretensão, na verdade nenhuma possibilidade de fazê-lo, de sugerir que o mundo, ou mesmo a Grécia, teria sofrido grandes alterações se Odisseu jamais houvesse retornado ao seu lar. O poema é uma estória de aventura. No que se refere à grandeza do assunto, ele está muito mais próximo de *Tom Jones* ou *Ivanhoé*[2] do que da *Eneida* ou de *Gerusalemme Liberata*.

---

[2] *The History of Tom Jones, a Foundling* [A história de Tom Jones, o enjeitado] é a obra mais famosa de Henry Fielding (1707–1754), um dos pais do

Quanto à *Ilíada*, um caso muito mais plausível pode ser proposto. Ela tem sido tratada como uma épica sobre o confronto entre Leste e Oeste; e mesmo nos tempos antigos, Isócrates louvou Homero por celebrar aqueles que lutaram contra os "bárbaros".³ O Prof. Murray até certo ponto encampa essa visão.⁴ Seria talvez presunçoso de minha parte discordar de tão eminente estudioso; e é certamente desagradável discordar de um cujos livros, avidamente lidos em minha adolescência, são ora parte de meus próprios ossos, e cujas palestras ainda se encontram entre as mais arrebatadoras memórias de meus dias de graduando. Nesse tópico, porém, não posso concordar com ele. O Prof. Murray indaga acerca da *Ilíada*: "Não é a estória da batalha dos pan-gregos⁵ contra o bárbaro da Ásia? 'Pan-gregos': a maravilhosa palavra ressoa vez após vez nos poemas".* Não é essa a minha impressão. Se examinarmos as nove ocorrências (e quatro delas em um mesmo canto) da palavra Παναχαιῶν [pan-gregos] presentes no índice da edição Oxford da *Ilíada*, veremos que em oito desses casos ela é precedida por ἀριστῆες ou ἀριστῆας — "os campeões dos Panachaeoi". Não há contraste sugerido entre os pan-gregos

---

romance inglês, enquanto *Ivanhoé* (1819) é uma das obras capitais do poeta e romancista escocês Walter Scott (1771–1832), considerado o principal representante do romance histórico.

³ Tal ideia encontra-se na obra *Panegírico*, do orador e retórico ateniense Isócrates (436 a.C.–338 a.C.).

⁴ Trata-se de Gilbert Murray (1866–1957): tradutor e estudioso de língua e cultura grega e autor, entre várias outras obras, de *The Rise of the Greek Epic* [A ascensão da épica grega] (1907).

⁵ Sigo aqui a solução proposta por Haroldo de Campos em sua tradução da *Ilíada* (Editora Arx, 2003, p. 287 e 345), que se adequa melhor à argumentação de Lewis do que a tradução de Carlos Alberto Nunes.

* *Rise of the Greek Epic*, p. 211.

e os bárbaros; apenas entre os pan-gregos, os gregos com um todo, e os seus melhores homens. Na nona passagem (canto 9, v. 301), Odisseu suplica a Aquiles que, mesmo que tenha ódio por Agamêmnon, que ele se apiede dos demais pan-gregos.[6] Aqui novamente o "pan" parece sinalizar um contraste entre a totalidade dos gregos e um membro de tal totalidade: não há qualquer ideia, até onde posso ver, da união dos gregos contra os bárbaros. Alguém poderia então indagar se a primeira sílaba de Παναχαιῶν [pan-gregos] seria muito mais do que uma conveniência métrica.

Ao examinar o poema como um todo, fico ainda menos convencido. A Guerra de Troia não é o assunto da *Ilíada*. É meramente o pano de fundo para uma estória puramente pessoal — a da ira, dor e arrependimento de Aquiles e do assassínio de Heitor. Sobre a queda de Troia, Homero nada tem a dizer, exceto incidentalmente. Já se argumentou que ele não tinha motivo para fazê-lo, uma vez que a queda de Troia era inevitável após a morte de Heitor; no entanto, parece-me pouco verossímil que o clímax de uma estória — e a queda seria o clímax se o cerco fosse o tema — devesse ser relegado ao âmbito da inferência. No melhor dos casos, seria uma sutileza extremada; algo mais próprio da arte de Kipling que da de Homero. Tampouco encontro qualquer sentimento antitroiano na *Ilíada*. O mais nobre personagem é um troiano, e quase todas as atrocidades provêm do lado grego. Nem mesmo encontro qualquer indício (com a possível exceção do

---

[6] Na tradução de Haroldo de Campos (Editora Arx, 2003, p. 345-6) para os versos 298-302: "Tudo isso há de ser teu, se arrefeces a cólera,/ é o que promete o Atreide. Se em teu coração,/ porém, o furor contra ele e seus muitos dons/ se arraigue, tem piedade ao menos dos Pan-Gregos,/ na batalha exauridos".

Prefácio ao Paraíso perdido

canto 3, v. 2-9)[7] de que os troianos são vistos, para o bem ou para o mal, como um *tipo* diverso de povo em relação aos gregos. É certamente possível supor a existência de uma versão anterior em que os troianos *eram* odiados — assim como é possível supor a existência de um *Beowulf* anterior livre de todas as passagens cristãs, ou um Jesus "histórico" completamente diferente da figura da tradição sinótica. Mas este, confesso, é um método de "pesquisa" do qual cordialmente desconfio. "Entidades não devem ser multiplicadas além do necessário",[8] e não há qualquer necessidade disso aqui. Paralelos com outras literaturas sugerem que a épica primária simplesmente demanda uma estória heroica e em nada se importa com um "grande assunto nacional". O Prof. Chadwick,[9] falando

---

[7] Na tradução de Carlos Alberto Nunes (Nova Fronteira, 2015, p. 99): "põem-se em marcha os Troianos, com grita atroante, quais pássaros,/ do mesmo modo que a bulha dos grous ao Céu alto se eleva,/ no tempo em que, por fugirem do inverno e da chuva incessante,/ voam, com grita estridente, por cima do curso do oceano,/ à geração dos Pigmeus conduzindo o extermínio e a desgraça,/ para, mal surja a manhã, a batalha funesta iniciarem./ Silenciosos, furor respirando, os Aquivos avançam,/ no coração desejosos de auxílio uns aos outros prestarem."

[8] Trata-se da famosa formulação do filósofo e teólogo alemão Johannes Clauberg (1622–1665) que ilustra a Navalha de Ockham, ou princípio da economia, um método heurístico de investigação de origem escolástica, que busca testar a validade de determinada teoria propondo que, diante de diversas opções, deve-se optar pela mais simples em termos de hipóteses lógicas inter-relacionadas, tendo por intuito reconhecer para cada objeto sob estudo uma única explicação satisfatória.

[9] Hector Munro Chadwick (1870–1947): filólogo inglês autor de estudos sobre língua e cultura anglo-saxônica, céltica e germânica, e um dos principais proponentes, ao lado de Cecil Maurice Bowra (1898–1971), de teorias sobre a Idade Heroica enquanto estágio no desenvolvimento das sociedades humanas propenso a originar lendas sobre feitos heroicos. Destacam-se, entre seus livros, a obra referida na sequência por Lewis, *The Heroic Age* [A Idade Heroica] (1912), e os três volumes de *The Growth of*

sobre os épicos germânicos, observa "quão extraordinariamente livres são os poemas de qualquer coisa no âmbito do interesse ou sentimento nacional".* O maior dos heróis da poesia islandesa é um burgúndio.[10] Em *Beowulf*, a afirmação do Prof. Chadwick encontra-se muito bem exemplificada. O poema é inglês. O cenário é a princípio em Zelândia, e o herói é proveniente da Suécia. Hengest, que deveria ter sido o Eneias da nossa épica se o poeta tivesse tido a compreensão de Virgílio acerca de um tema épico, é mencionado unicamente entre parêntesis.

A verdade é que a épica primária não tinha, nem podia ter, um grande tema no sentido posterior. Tal tipo de grandeza surge apenas quando algum acontecimento pode ser visto como capaz de ocasionar uma profunda e mais ou menos permanente mudança na história do mundo, como o fez a fundação de Roma, ou, ainda mais, a Queda do homem. Antes de qualquer evento alcançar tamanha significação, a história precisa ter algum grau de padronização, algum traçado. O mero e incessante subir e descer, a constante e despropositada alternância entre glória e aflição, que compõem o terrível fenômeno chamado Idade Heroica, não permitem tal traçado. Nenhum evento singular é verdadeiramente mais importante do que outro. Nenhuma realização pode ser permanente: hoje matamos e banqueteamos, amanhã somos mortos, e nossas mulheres são levadas como cativas. Nada "fica imóvel", nada

---

Literature [O florescimento da literatura] (1932–1940), escrito junto com sua esposa, Nora Kershaw Chadwick (1891–1972).
* *The Heroic Age*, p. 34.
[10] Referência a Sigurd, o matador do dragão Fáfnir e um dos principais heróis do panteão nórdico. Entre diversas obras que recontam sua história, destacam-se a *Saga dos Volsungos* (século 13), de autoria anônima, e a recriação poética feita por William Morris (1834–1896), em *Sigurd the Volsung* (1876).

possui uma significância para além do momento. Heroísmo e tragédia abundam, logo, boas estórias abundam; mas nenhum "amplo desígnio que conduz o mundo do bem para o mal". O efeito total não é um padrão, mas um caleidoscópio. Se Troia cair, ai dos troianos, sem dúvida, mas qual sua relevância? "Zeus afrouxou a cerviz de copiosas cidades, e de outras muitas ainda afrouxará" (*Il.*, 9, v. 24-5). Heorot foi nobremente erigido, mas, no fim das contas, qual sua relevância? Desde o início, "Em altivas torres alteia-se o salão,/ Aguarda da guerra o frenesim de agonias/ E o fogo, fero imigo" (*Beow.*, v. 81-3).

Muito já foi dito sobre a melancolia de Virgílio; mas centímetros abaixo da superfície cintilante de Homero encontramos não melancolia, mas desespero. "Inferno" foi a palavra que Goethe usou para isso. É ainda mais terrível, porque o poeta toma tudo por certo, de nada se queixa. Tudo surge casualmente, em símiles.

> *Como quando ao céu sobe a fumaça de burgo distante,*
> *Insulado, por imigos cercado em guerra abrasante,*
> *E pugnam o dia todo como ordena o odiento Ares.*
>
> (*Il.*, 18, v. 207-9)

Ou, novamente,

> *Feito quando uma mulher a debruçar-se sobre o corpo*
> *Do marido, na refrega diante das muralhas morto*
> *[...]*
> *Ela o vê caído e escuta-lhe os postremos arquejos,*
> *E agarra-se ao corpo, plangente, entre imigos; mas sem pejo*
> *Eles co' a lança a golpeiam nos ombros e no costado*
> *E a levam por cativa rumo a um árduo e penoso fado.*
>
> (*Od.*, 8, v. 523-4; 526-9)

Observe quão diverso é isso em relação ao saque de Troia no livro segundo da *Eneida*. Este é um mero símile — o tipo de coisa que ocorre diariamente. A queda da Troia de Virgílio é uma catástrofe, o fim de uma era. *Urbs antiqua ruit* — "uma antiga urbe, imperatriz de extensas eras, rui."[11] Para Homero está tudo na ordem do dia. *Beowulf* faz ressoar semelhante nota. Morto o rei, sabemos o que nos aguarda: aquela pequena ínsula de ventura, como muitas antes dela e muitas outras nos anos por vir, submerge, e a grande onda da Idade Heroica se arroja sobre ela:

> *Ruinoso fez-se o riso ao finar-se o Senhor,*
> *E o aprazimento e a música. E lanças muitas*
> *Na arisca aurora os dedos endurecerão,*
> *Ao enristarmos suas hastes. Da harpa o júbilo*
> *Não arrola os guerreiros. O corvo farrusco,*
> *Carnífice, há de à águia explanar grasnante*
> *Como sua cota comeu naquele da Guerra*
> *Lauto festim; foi o lobo dele partícipe.*
>
> (*Beow.*, v. 3020-7)

A épica primária é grandiosa, mas não com a grandeza do tipo posterior. Em Homero, sua grandeza encontra-se na tragédia humana e pessoal construída em oposição a este pano de fundo de fluxo sem sentido. Tudo é ainda mais trágico porque pende sobre o mundo heroico uma certa futilidade. "Aqui me assento em Troia", diz Aquiles a Príamo, "afligindo a ti e a teus filhos". Não "protegendo a Grécia", nem mesmo "logrando glória", nem atendendo ao chamado de qualquer

---

[11] *Eneida*, livro 2, v. 363. Na tradução de Carlos Alberto Nunes (Editora 34, 2021, p. 144): "Caiu por terra uma antiga cidade, rainha das outras".

vocação para afligir Príamo, mas fazendo isso unicamente porque é assim que as coisas se sucedem. Estamos aqui em um mundo diverso da *mens immota manet* de Virgílio.[12] Lá o sofrimento tem um sentido e é o preço de uma resolução altiva. Aqui temos apenas o sofrimento. Talvez fosse isso que Goethe tinha em mente quando disse: "A lição da *Ilíada* é de que nesta terra precisamos representar o Inferno".[13] Somente o estilo — o discurso infatigável, impassível e angélico de Homero — a faz perdurar. Sem isso, a *Ilíada* seria um poema ao lado do qual o mais impiedoso realismo moderno é brincadeira de criança.

Beowulf é um pouco diferente. Em Homero, o pano de fundo de desespero reconhecido e prosaico é, no fim das contas, um pano de fundo. Em *Beowulf* aquela escuridão fundamental adentra o primeiro plano e está em parte corporificada nos monstros. E com aqueles monstros

---

[12] Referência ao primeiro hemistíquio do verso 449 do livro 4 da *Eneida*, no qual lemos, na tradução de Carlos Alberto Nunes (Editora 34, 2021, p. 223): "porém a mente é inflexível".

[13] Embora citada aqui de forma um pouco diversa, Lewis provavelmente encontrou esta formulação de Goethe no livro *On Translating Homer* [Traduzindo Homero] (1861), que reúne uma série de três palestras ministradas por Matthew Arnold (1822–1888), poeta e crítico de destaque na Inglaterra vitoriana, na atribuição de Professor de Poesia em Oxford em 1860. Não se referindo especificamente à *Ilíada*, e sim a Homero de modo geral, a citação é referenciada por Arnold em seu livro como proveniente de uma carta de Goethe para o amigo escritor Friedrich Schiller (1759–1805). De fato, na carta de 13 de dezembro de 1803, diz Goethe: "Uma vez, porém, que temos de representar o inferno aqui em cima, como venho aprendendo com crescente clareza de Polignoto e Homero, isso também por valer para uma vida". Agradeço ao Prof. Marcus Mazzari (FFLCH-USP) pela tradução deste excerto da carta e pelo esclarecimento de que, no original, o verbo "*vorstellen*" [representar] traz também sub-repticiamente o sentido de "antecipar".

confronta-se o herói. Ninguém em Homero confrontou a escuridão. No poema inglês encontramos o tema característico da mitologia nórdica — deuses e homens alinhados em batalha contra os gigantes. Nesse aspecto, o poema é mais intimamente alegre, embora não na superfície, e traz em si o primeiro indício do grande tema. Desse modo, como em muitos outros, ele se coloca entre *Ilíada* e Virgílio. Mas ele não se aproxima demasiadamente de Virgílio. Os monstros corporificam apenas parcialmente a escuridão. Sua derrota — ou a derrota desta dentro daqueles — não é permanente ou mesmo duradoura. Como toda outra Épica Primeira, ele deixa as coisas mormente do modo como as encontrou: a Idade Heroica ainda perdura no final.

CAPÍTULO 6

Virgílio e o assunto da épica secundária

Diz-te o semblante que é chegada a minha hora;
Não cabe luto a tal muda, nem se o juízo
Pudesse, veloz e certo, revir agora
Como se desassoma. O mundo, incisivo,
Tais enlevos destrói — o Érebo, quizilento:
Calmos deleites lá aguardam — régio tormento.

Wordsworth[1]

O assunto da épica, tal como críticos posteriores vieram a compreendê-lo, é invenção de Virgílio; ele alterou o próprio

---

[1] Trata-se de uma sextina do poema narrativo *Laodamia* (1815), de William Wordsworth, que trata da história do herói grego Protesilau, esposo de Laodâmia e membro da expedição grega contra Troia, na qual pereceu. Ao saber da morte do esposo, Laodâmia ficou tão profundamente abalada que os deuses dela se apiedaram e lhe permitiram rever Protesilau por algumas horas para se despedir. Findo o encontro, o desespero retornou, e Laodâmia pôs fim à sua vida.

sentido da palavra "épica". Partindo do desejo de que os romanos deveriam ter um grande poema para rivalizar com a *Ilíada*, ele teve de se perguntar que tipo de poema realmente seria capaz de expressar e satisfazer o espírito romano. A resposta a essa pergunta ele por certo encontrou em seu próprio coração; podemos encontrá-la ao considerar as tentativas romanas anteriores desse tipo. As duas épicas latinas prévias foram muito notavelmente distintas de Homero. Névio[2] narrou a estória da primeira Guerra Púnica, mas aparentemente em escala tão ampla que ele pôde começar com a lenda de Eneias. Ênio,[3] principiando pela mesma lenda, passou diligentemente por toda a história de seu povo até sua própria época. É evidente que ambos os poetas escreveram o que podemos chamar de crônicas metrificadas, coisas muito mais semelhantes às obras de Layamon[4] e Robert de Gloucester[5] do que às de Homero. Eles atenderam a um gosto comum entre os romanos e entre nós mesmos, mas curiosamente ausente entre os gregos. Nem Heródoto nem Tucídides tentaram traçar a história de um único estado

---

[2] Cneu Névio (?–201 a.C.): poeta e dramaturgo romano, autor do primeiro poema épico originalmente composto em latim, *Bellum Poenicum* [A guerra púnica], do qual apenas algumas dezenas de versos sobreviveram.
[3] Ênio (239 a.C.–169 a.C.): poeta romano autor dos *Annales* [Anais], obra que busca recontar a história romana das origens mitológicas até a contemporaneidade do poeta. Por volta de 600 versos sobreviveram dos dezoito livros que a compunham.
[4] Layamon: padre e poeta inglês do início do século 13 e autor do *Brut* [Brutus] (c. 1190), também conhecido como *The Chronicle of Britain* [A crônica da Grã-Bretanha], longo poema narrativo que introduziu na poesia britânica as lendas do Rei Arthur e exerceu influência na literatura inglesa medieval.
[5] Robert de Gloucester (c. 1260–c. 1300): possível autor (ou autor parcial) de uma história vernacular da Inglaterra, cujo escopo abarca do fundador mítico Brutus até por volta do ano 1270.

Prefácio ao Paraíso perdido

grego que abrangesse desde suas origens. Os fenômenos de crescimento, o lento processo por meio do qual alguma coisa importante adquiriu sua forma presente, não parece ter interessado aos gregos. O coração deles ansiava pelo eterno, o imutável, e viam o tempo como mero fluxo. Os romanos, porém, eram diferentes. Seja de forma direta ou (como diria o Dr. Tillyard) "oblíqua", seu grande poema, a menos que houvesse de ser um mero pastiche de Homero, teria de lidar com o mesmo tipo de material trabalhado por Névio e Ênio. Contudo, por outro lado, um artista tão veraz quanto Virgílio não poderia se contentar com o desjeito e a monotonia de uma simples crônica. Sua solução para o problema — uma das mais importantes revoluções na história da poesia — foi tomar uma única lenda nacional e tratá-la de tal modo que sentimos o tema mais vasto de alguma forma nela implícito. Ele tem de contar uma estória comparativamente mais curta e nos dar a ilusão de ter vivido por um grande espaço de tempo. Ele tem de lidar com um número limitado de personagens e nos fazer sentir como se questões nacionais, ou quase cósmicas, estivessem em jogo. Ele precisa localizar sua ação em um passado lendário e ainda assim nos fazer sentir o presente, e os séculos intermediários, já prefigurados. Depois de Virgílio e Milton, esse procedimento parece bastante óbvio. Mas ele é óbvio apenas porque um grande poeta, confrontado por um problema quase insolúvel, descobriu esta resposta, e com ela descobriu novas possibilidades para a própria poesia.

Em parte como resultado do primitivismo romântico, estabeleceu-se um hábito tolo de tomar Homero como uma espécie de norma pela qual Virgílio há de ser medido. Mas as diferenças radicais entre eles começam a aparecer na primeiríssima página da *Eneida*. O terceiro parágrafo do poema (*Eneida*, livro 1, v. 12-33) nos fornece exemplos de quase todos os métodos por meio dos quais ele faz sua fábula comparativamente simples carregar o peso de tamanho destino. Notem as palavras-chave. Cartago é uma cidade *antiga*, encarando a foz do Tibre *a uma longa distância*. Ele já está espraiando sua estória tanto no tempo como no espaço. Juno esperava conceder a ela o *império* da terra se os *fados* permitissem: mas ela já escutara o rumor de que *um dia (olim)* a semente de Troia irá ferir a cidade. Toda a Guerra Púnica aqui adentra. Mas Juno não está a pensar apenas no futuro; uma *guerra mais antiga* lhe arrelia a mente — ela pensa nos seus argivos na muralha de Troia, no Julgamento de Páris, "e Ganimedes exaltado a lugar imortal".[6] Não estamos, veja bem, no princípio. A estória em que embarcamos se esvanece para trás, rumo a um passado ainda mais remoto. Os heróis cujas aventuras acompanharemos são o *remanescente (relíquias)* de alguma ordem mais antiga, destruída antes do subir das cortinas; sobreviventes e, como se fossem fantasmas, caçados (e aqui retorna a amplitude espacial) *maria omnia circum*,[7] enquanto Juno barra-lhes sua presença no Lácio,

Ao longe os conduz, pervagantes, por forânea escuma;
Tão pujante do nascer de Roma fez-se a labuta![8]

A labuta, a *moles*,[9] é o ponto. Esses homens não estão lutando por suas próprias mãos como os heróis homéricos; são

---

[6] *Eneida*, livro 1, v. 28.
[7] *En.*, liv. 1, v. 32. Na tradução de Carlos Alberto Nunes (Editora 34, 2021, p. 93): "cortando o mar infinito".
[8] *En.*, liv. 1, v. 32-3. Na tradução de Carlos Alberto Nunes: vinham cortando sem rumo desde anos o mar infinito./ Tão grande empresa era as bases lançar da progênie romana".
[9] Termo polissêmico que abarca as noções de "fardo", "dificuldade", "empresa".

homens com uma vocação, homens sobre os quais um fardo é deposto.

As instâncias mais óbvias desse alargamento do assunto em Virgílio, sem dúvida, foram frequentemente notadas — os vislumbres do futuro na profecia de Jove no livro primeiro, ou na visão de Anquises, ou no escudo, ou novamente a conexão do livro quarto inteiro com as Guerras Púnicas. Talvez o mais pungente de todos esses elos progressivos seja a visita de Eneias à futura localidade de Roma no livro oitavo. Os elos regressivos são de igual importância para determinar a qualidade poética da *Eneida*. Se não estou enganado, é quase o primeiro poema dotado de um verdadeiro sentido real de "abismo do tempo". *Priscus*, *vetus* e *antiquus* são palavras-chave em Virgílio.[10] Nos livros sexto a oitavo — o verdadeiro coração do poema — jamais nos é permitido esquecer que o Latium — *Lácio*,[11] o refúgio do idoso Saturno — está à espera dos troianos desde o princípio do mundo. O palácio do Rei Latino é muito dessemelhante a qualquer casa em Homero: "reverente em matas e devoção de dias antigos",

> *Onde em cedro antigo esculpida deles a ascendência*
> *Em ordem está: pai Ítalo e Sabino grisalho,*
> *O podão em mãos, de vinhateiro pendor amável,*
> *E Saturno idoso e Jano com sua dúplice face*
>
> (*En.*, liv. 7, v. 177-80)

---

[10] Termos ainda presentes no português sob as formas "prisco", "vetusto" e "antigo", respectivamente.

[11] No original, Lewis usa o termo "Lurkwood", algo como "Mata Encoberta". Como indica Carlos Alberto Nunes em nota à sua tradução do verso 322 do livro oitavo (2021, p. 380), Saturno teria dado o nome Lácio às paragens onde buscava esconderijo pela semelhança entre *Latium* e *latuisset*, "do verbo *latere*, 'ocultar-se', 'estar latente'", por ter "achado seguro e infalível refúgio" nelas.

Há uma poesia que reiteradas leituras são incapazes de exaurir em todas estas cenas italianas iniciais; a primeira visão do Tibre, a oração solitária para aquele rio desconhecido, e a longa jornada fluvial em que as embarcações surpreendem aquelas florestas até então invioladas. Desconheço melhor exemplo de imaginação, no sentido mais elevado, do que quando Caronte admira-se do Ramo de Ouro, "há muito esconso"; séculos sombrios daquele submundo não histórico são conjurados em meio verso (*En.*, liv. 6, v. 409-10).

Virgílio, porém, faz uso de algo mais sutil do que a mera *compridez* do tempo. Nossa vida tem dobras assim como extensão: momentos em que nos damos conta de ter acabado de fazer uma grande curva, e de que tudo dali em diante jamais será igual, para melhor ou para pior. Em certo sentido, como já vimos, toda a *Eneida* é a estória de semelhante transição da ordem do mundo; a mudança da civilização do Leste para o Oeste; a transformação do pequeno remanescente, as relíquias, do velho, no gérmen do novo. Portanto, a tristeza das despedidas e a alacridade dos novos começos, tão notavelmente amealhadas na abertura do livro terceiro, dominam o poema por inteiro. Por vezes o sentido de *paes ofereode*[12] torna-se explícito, como quando os troianos chegam em Áccio e se encontram, por fim, para além da esperança, libertos do mundo grego, e este importante momento é sublinhado por uma mudança de estação,

Pelo ano vagarento rolara o sol entrementes
E o inverno, encrespando as negras vagas, fez-se presente.

(*En.*, liv. 3, v. 284-5)

---

[12] Referência ao primeiro hemistíquio de um verso que funciona como uma espécie de estribilho no poema anglo-saxão *Deor*: "*paes ofereode, pisses swa mæg*". Na tradução de Elton Medeiros (Editora 34, 2022, p. 279), "Aquilo já passou, isto também passará".

Prefácio ao Paraíso perdido

Às vezes é uma mudança infinitesimal de linguagem que pode passar despercebida pela mente consciente do leitor, mas que por certo desempenha um papel ao colorir sua experiência total, como quando os velhos ódios egeus ficaram suficientemente para trás a ponto do *ardiloso* Ulisses se tornar o *desventurado* Ulisses. Talvez uma das conquistas mais audazes de Virgílio seja a aparição do fantasma de Creúsa no livro segundo.[13] A triste e malograda criatura, posta de lado pelo destino, precisa profetizar sobre a esposa que a substituirá e sobre as aventuras do marido nas quais ela não tomará qualquer parte. Se fosse uma mulher vivente, a crueldade seria indesculpável. Mas ela não é uma mulher, é um fantasma, o espectro de tudo aquilo que, com ou sem remorso, ao longo do poema se evade para o passado irrevogável, nele se acomodando, não para que possamos nos regalar com reflexões melancólicas sobre a mutabilidade, como nos poetas elegíacos, mas porque os *fados de Jove* assim ordenaram, porque dessa e não de outra forma algumas coisas eminentes podem suceder. O próprio Eneias é confundido com um fantasma no livro seguinte. Em certo sentido ele é um fantasma de Troia até se tornar o pai de Roma. Ao longo de todo o poema estamos fazendo aquela curva. É isso que causa no leitor da *Eneida* a sensação de ter passado por muita coisa. Homem algum que a leu uma vez com plena atenção permanece adolescente.

O tema da grande transição está, é claro, intimamente conectado ao senso virgiliano de vocação. Nada o distingue tão nitidamente de Homero, e isso, por vezes, em lugares onde eles são superficialmente muito semelhantes. O discurso de Eneias para encorajar seus homens no livro primeiro (v. 198-207) é modelado de perto no discurso de Odisseu

---

[13] *En.*, liv. 2, v. 776-789.

em *Odisseia*, canto 12 (v. 208-21). Ambos lembram aos seus homens de que já estiveram antes em maiores apertos. Mas Odisseu fala com simplicidade, como qualquer capitão para qualquer tripulação; o objetivo é a segurança. Eneias acrescenta algo um tanto não homérico:

> *Um dia haverá tempo de trazer a dor à mente,*
> *Pelos caprichos da fortuna seguimos em frente*
> *Ao lar prometido, lácio solo de nosso apreço,*
> *Onde teremos descanso, e Ílion, novo começo*
>
> (*En.*, liv. 1, v. 203-6)

Vicit iter durum pietas;[14] com tal concepção, Virgílio adicionou uma nova dimensão à poesia. Li que seu Eneias, tão fortemente guiado por sonhos e augúrios, mal é a sombra de um homem ao lado do Aquiles de Homero. Mas um homem, um adulto, é precisamente o que ele é: Aquiles havia sido pouco mais que um garoto impetuoso. Você pode, é claro, preferir a poesia da paixão espontânea à poesia da paixão em guerra com a vocação, por fim reconciliadas. Cada um com seu gosto. Mas não se pode culpar a segunda por não ser a primeira. Com Virgílio, a poesia europeia amadurece. Pois há certos ânimos nos quais tudo o que veio antes parece, por assim dizer, poesia de garotos, cujo encanto e limitação dependem ambos de certa ingenuidade, vista igualmente em seus êxtases arrebatados e em seus desesperos arrebatados, que certamente não podemos, e talvez não devamos recuperar. *Mens immota manet*, "a mente permanece inabalável

---

[14] *En.*, liv. 6, v. 688. Na tradução de Carlos Alberto Nunes (Editora 34, 2021, p. 309): "Venceste o caminho com a tua piedade".

enquanto as vãs lágrimas caem". Eis a nota virgiliana. Mas em Homero não havia, a longo prazo, qualquer *motivo* para se manter inabalável. Fosse você feliz ou infeliz, isso era tudo. Eneias vive em um mundo distinto; ele é compelido a ver algo mais importante que a felicidade.

É da natureza da vocação amostrar-se aos homens no duplo caráter de dever e desejo, e Virgílio a ambos faz justiça. O elemento do desejo é trazido em todas aquelas passagens nas quais a *terra hespéria* é aludida, profetizada e "semi-descoberta" [*dim-discovered*]. Inicialmente pelos lábios do fantasma de Heitor, uma terra ainda inominada; depois, pelo fantasma de Creúsa, com o acréscimo dos nomes *Hespéria* e *Tibre*; então vem o sumamente importante livro terceiro, a relutante contudo infatigável busca pela *cidade habitável* (*mansuram urbem*),[15] sempre tida por demasiado próxima e em verdade demasiado distante, e nosso vagaroso conhecimento progressivo acerca dela. É nossa *mãe ancestral* — é uma *terra antiqua*,[16] pujante em armas e rica em solo —, está bastante perto, mas não para nós, que precisamos percorrer muitas milhas em volta e realizar um desembarque diverso — agora está à vista, mas não a parte dela que buscamos. Eis o verdadeiro retrato de uma vocação: algo que chama ou acena, que chama inexoravelmente, e ainda assim é preciso aguçar os ouvidos para captar a voz, que insiste em ser buscada, mas se recusa a ser encontrada.

Na resposta humana a isso encontramos o elemento do dever. De um lado temos Eneias, que sofre, mas obedece. Ele tem um único momento de desobediência real no quarto livro, que lemos de forma completamente errada, porque um

---

[15] *En.*, liv. 3, v. 86.
[16] *En.*, liv. 3, v. 164.

alargado respeito pela mulher e pela relação sexual fizeram com que o herói parecesse desumano no exato momento em que Virgílio tenciona expor (e para um leitor historicamente inclinado ele o faz) sua fraqueza humana. Mas em todos os demais lugares, ele suporta bem o jugo, embora com um anelante olhar de soslaio para aqueles não chamados a suportá-lo.

> *Vivei pois felizes! Vós cujo fim foi alcançado. Nós,*
> *Cumpridores, movemo-nos de um a outro fado.*
> *Vossa paz é justa. Não singrareis o mar ingente,*
> *Nem buscareis aquela ausoniana praia evanescente.*
>
> (*En.*, liv. 3, v. 493-6)

Do outro lado, temos as mulheres, as quais ouviram o chamado e longamente viveram em dolorosa obediência, e ainda assim ao final desertam. Virgílio percebe muito claramente a tragédia delas. Seguir a vocação não quer dizer felicidade; contudo, uma vez ouvida, não há felicidade para aqueles que não a seguem. Elas têm, é claro, permissão para ficar para trás. Todo arranjo possível é feito para o conforto delas na Sicília. O resultado é aquela separação agonizante na qual a vontade permanece suspensa entre duas opções igualmente intoleráveis.

> *Entre o triste desejo pela terra presente*
> *E o apelo, imposto pelos fados, dos reinos distantes.*
>
> (*En.*, liv. 5, v. 655-6)

Será visto que nesses dois versos, Virgílio, sem qualquer propósito alegórico, descreveu de uma vez por todas a verdadeira índole da maior parte da vida humana tal como experimentada por qualquer um que ainda não ascendeu à santidade ou desceu à animalidade. Não é apenas graças à écloga quarta que ele se tornou quase um poeta cristão.[17] Ao fazer de sua própria lenda um símbolo do destino de Roma, ele, com ou sem intenção, simbolizou o destino do homem. Seu poema é "grande" no sentido em que poema algum do mesmo tipo da *Ilíada* jamais poderá ser grande. A verdadeira pergunta é se há qualquer desenvolvimento possível da épica para além de Virgílio. Uma coisa, porém, é certa. Se formos ter uma nova épica, ela precisa avançar a partir de Virgílio. Qualquer retorno ao *meramente* heroico, qualquer balada, por melhor que seja, que fale meramente sobre homens corajosos a lutar por suas vidas ou para chegar ao lar ou para vingar sua estirpe, será agora um anacronismo. Não se pode ser jovem duas vezes. O assunto explicitamente religioso de qualquer épica futura foi ditado por Virgílio; é um único desenvolvimento adicional que resta.

---

[17] Na écloga quarta das *Bucólicas* (39 a.C.), composta em homenagem ao cônsul e mecenas Asínio Pólio, Virgílio apresenta uma predição sobre o nascimento de um menino que acabaria por trazer de volta a idade de ouro louvada por poetas como Hesíodo e Ovídio. Na Idade Média, a écloga recebeu diversas leituras alegóricas que promoviam certa identificação entre o nascimento do menino e o de Cristo, atribuindo ao poema poderes proféticos e tornando Virgílio, de certa forma, um poeta cristão.

CAPÍTULO 7

O estilo da épica secundária

Formas e figuras de linguagem — prole originária da paixão, mas, agora, filhas adotivas do poder.

Coleridge[1]

O estilo de Virgílio e Milton surge como a solução para um problema bastante preciso. A épica secundária almeja uma solenidade ainda mais alta do que a Primária; contudo, ela perdeu todos aqueles auxílios externos de que a primeira desfrutava. Não há qualquer *aoidos*[2] com manto e grinalda, nenhum altar, nem mesmo um festim em um salão — apenas um indivíduo a ler um livro em uma poltrona. No entanto, de uma forma ou de outra, aquele indivíduo precisa sentir que está presente em um ritual augusto, pois se ele não se sentir desse modo, não será receptivo à verdadeira euforia épica. À própria escrita do poema, portanto, cabe agora realizar por si mesma

---

[1] Excerto do capítulo 18 da *Biographia Literaria* (1817), do poeta e crítico inglês Samuel Taylor Coleridge.
[2] Em grego antigo, "Aedo".

o que a soma das circunstâncias fazia por Homero. O estilo virgiliano e miltônico lá está para compensar — para neutralizar — a privacidade e informalidade da leitura silenciosa no escritório de alguém. Qualquer juízo acerca de tal estilo que não compreender esse fato se mostrará inepto. Culpá-lo por ser ritualístico ou encantatório, pela falta de intimidade ou da voz entoante, é culpá-lo por ser exatamente o que tenciona e o que deve ser. É como condenar uma ópera ou um oratório porque os personagens cantam em vez de falar.

Em um sentido geral e óbvio, tal efeito é obtido pelo que é chamado de "grandiosidade" ou "elevação" do estilo. No que diz respeito a Milton (pois não sou suficientemente versado para analisar Virgílio), esta grandiosidade é produzida sobretudo por três coisas. (1) O uso de palavras e construções ligeiramente estranhas, incluindo arcaísmos. (2) O uso de nomes próprios, não exclusiva ou principalmente por seu som, mas porque são os nomes de coisas esplêndidas, remotas, terríveis, voluptuosas ou célebres. Elas lá se encontram para encorajar o olhar do leitor a pervagar a riqueza e variedade do mundo — para prover aquele *largior aether*[3] que respiramos enquanto o poema perdura. (3) Alusões contínuas a todas as fontes de avivado interesse em nossa experiência sensória (luz, escuridão, tempestades, flores, joias, amor sexual e coisas afins), mas todas encimadas e "gerenciadas" por um ar de austeridade magnânima. Daí advém o sentimento de excitação sensual *sem* entrega ou relaxamento, a qualidade extremamente revigorante, mas também extremamente enriquecedora, da nossa experiência enquanto lemos. Tudo isso, porém, pode ser encontrado em grandes poemas não épicos. O que desejo

---

[3] *En.*, liv. 6, v. 640. Na tradução de Carlos Alberto Nunes (Editora 34, 2021, p. 307): "éter mais puro".

sobretudo assinalar é outra coisa: a insistente *manipulação* dos leitores feita pelo poeta — o modo que ele nos arrasta, como se estivéssemos presentes em uma recitação de verdade e em lugar algum, oferece-nos ocasião para nos acomodarmos e nos regalarmos com qualquer verso ou parágrafo. Costuma-se falar do estilo de Milton como música de órgão. Pode ser mais proveitoso tomar o leitor pelo órgão e Milton pelo organista. É em nós que ele toca, se lhe permitirmos que o faça.

Consideremos o parágrafo de abertura. O propósito filosófico ostensivo do poema (justificar os caminhos de Deus para o homem) é aqui de importância um tanto secundária. A verdadeira função desses 26 versos é dar-nos a sensação *de que algo grandioso está a ponto de começar*. Se o poeta for suficientemente bem-sucedido ao fazer isso, haveremos de ser barro em suas mãos pelo resto do primeiro livro e talvez até mais; pois, note-se que, nesse tipo de poesia, a maior parte das batalhas do poeta é vencida antecipadamente. E, no que me diz respeito, ele tem êxito completo, e penso compreender um pouco como ele faz isso. Primeiramente, há a qualidade do peso, gerada pelo fato de que quase todos os versos terminam em monossílabos longos e tônicos.[4] Em segundo lugar, há a sugestão direta de profunda preparação espiritual em dois lugares — "Ó Espírito que preferes" e "O que em mim é treva".[5] Observe, porém, quão engenhosamente esta sugestão direta de eminentes começos é reforçada pela alusão à criação do próprio mundo ("Sentavas feito pomba cismarenta"),[6] e então por imagens de ascensão e elevação ("Em voo meão

---

[4] Como o português é uma língua que tem bem menos monossílabos que o inglês, tal efeito inevitavelmente se perde nas traduções.
[5] *Paraíso perdido*, livro 1, v. 17 e 22.
[6] *PP.*, liv. 1, v. 21.

planar não tenciona [...] alça e sustenta — altura deste grão argumento"),[7] e de novo como criação e ascensão estão potentemente entremeadas quando somos lembrados de que Céu e Terra "emergiram do Caos",[8] e como além disso temos aquela promessa vivaz e matutina de boas coisas por vir, emprestada de Ariosto ("cousas inda não tentadas"),[9] e como "até que homem súpero"[10] nos faz sentir que estamos a ponto de ler uma épica que se espraia, com seu arco, pela história em sua totalidade. Todas as imagens que podem sugerir algo grandioso em suas primícias foram reunidas e, ao lermos, nossos próprios músculos respondem a isso. Mas olhe outra vez e verá que a conexão ostensiva e lógica entre essas imagens não é exatamente idêntica à conexão emocional que venho delineando. Este ponto é importante. Em certo sentido, a técnica de Milton é bastante semelhante à de alguns modernos. Ele agrupa ideias por conta dos vínculos emocionais que elas possuem nos recônditos da consciência. No entanto, diferentemente dos modernos, ele também sempre fornece uma fachada de conexões lógicas. A virtude de tal procedimento é a de pôr nossas faculdades lógicas para dormir e de nos tornar capazes de aceitar o que recebemos sem questionamento.

Esta distinção entre as conexões lógicas que o poeta aloca na superfície e as conexões emocionais por meio das quais ele de fato manipula nossa imaginação é a chave de muitos dos seus símiles. O símile miltônico nem sempre se presta a

---

[7] *PP.*, liv. 1, v. 14-24.
[8] *PP.*, liv. 1, v. 10.
[9] *PP.*, liv. 1, v. 16. Na segunda oitava do *Orlando furioso*, diz Ariosto na tradução de Pedro Garcez Ghirardi (Ateliê Editorial, 2011, p. 29): "De Orlando, ao mesmo tempo, direi eu/ O que nunca se disse, em prosa ou rima".
[10] *PP.*, liv. 1, v. 4.

exemplificar o que ele finge estar exemplificando. A semelhança entre duas coisas comparadas é frequentemente trivial, sendo, na verdade, requerida apenas para manter o respeito do censor lógico. No final do livro 1, os demônios são comparados a duendes. A pequenez é o único ponto de parecença. O primeiro uso do símile busca prover contraste e alívio, busca nos reanimar por meio de uma transição do inferno para uma vereda inglesa à luz do luar. Seu segundo uso torna-se aparente quando retornamos de súbito para onde

> *muito ao fundo*
> *e a si nas dimensões mui semelhantes*
> *Egrégios serafins e querubins*
> *Assentam-se em recôndito conclave,*
> *Em áureas silhas indígetes mil.*
>
> (*PP*., liv. 1, v. 792-6)

É pelo contraste com as fadas que estes conselheiros se tornaram tão imensos, e é pelo contraste com o símile caprichoso que o silêncio precedente a seu debate torna-se tão intenso, e é por meio dessa intensidade que nos encontramos muito bem preparados para a abertura do livro 2. Seria possível ir além e dizer que este símile é simplesmente o ponto onde todo o propósito de reduzir os demônios à estatura anânica é alcançado, e que esta mesma transformação possui um efeito retrospectivo sobre a imensidão de Pandemônio.[11] Para o lógico pode parecer como algo indesejado ou arrastado, mas na poesia isso se mostra tão fortemente ligado a toda a conclusão do livro 1 e ao começo do 2 que, se fosse omitido,

---

[11] A capital do inferno no poema de Milton.

o ferimento haveria de se alastrar por uma centena de versos. Praticamente toda frase em Milton possui aquele poder que os físicos por vezes pensam que haveremos de atribuir à matéria — o poder de agir a distância.

Exemplos desta virtude subterrânea (se pudermos chamá-la assim) no símile miltônico virão com facilidade à mente de todos. O paraíso é comparado ao campo de Enna — uma bela paisagem contraposta à outra (liv. 4, v. 268). É claro, porém, que o valor mais profundo do símile se encontra na semelhança, que não é explicitamente percebida sequer como semelhança, o fato de que, em ambos os lugares, as belas jovens a colher flores foram arrebatadas por um poder sombrio surgido do submundo.[12] Logo em seguida, o Éden é comparado à *ilha de Nisa* e ao *monte Amara*. Leitores não eruditos podem ficar tranquilos. Para apreciar o símile não é de modo algum necessário pesquisar estas localidades nas notas, nem a pedanteria tem qualquer parte quanto aos motivos que levaram o poeta a escolhê-las. Tudo que precisamos saber o poeta nos conta. A primeira era uma ilha fluvial e a outra uma montanha elevada, e ambas eram *esconderijos*. Se apenas seguirmos lendo, sem fazer perguntas, o senso de sigilo do Éden, de coisas infinitamente preciosas, guardadas, clausuradas e postas à parte, emergirá daquele símile e enriquecerá o que Milton está tentando a todo tempo evocar em cada leitor — a consciência do paraíso. Por vezes, admito, o poeta vai longe demais, e o subterfúgio da conexão lógica é sobremodo ultrajante para ser aceito. No livro 4, v. 160-71,

---

[12] Lewis evoca aqui o rapto de Prosérpina, filha de Ceres, por Dís (Plutão ou Hades), que a levou para o submundo. Como se lê na nota do tradutor Daniel de Jonas, "Esta história é considerada o análogo pagão do relato bíblico de Eva" (*Paraíso perdido*, Editora 34, 2015, p. 277).

Milton quer nos fazer sentir toda a obscenidade da presença de Satã no Éden ao trazer um repentino fedor de peixe em meio ao doce aroma das flores, e ao aludir a uma das mais desagradáveis estórias hebraicas. Mas o pretexto de conexão lógica (de que Satã apreciava as flores do Paraíso *melhor* do que Asmodeu apreciava os fumos de peixe) é muito constrito.[13] Nós sentimos sua absurdidade.

Este poder de manipulação não está, é claro, confinado aos símiles. No fim do livro 3, Milton faz Satã visitar o sol. Corvejar sobre calor e luminosidade não traria qualquer proveito; resultaria apenas naquele pântano de superlativos, que é o destino de muitos maus poetas. Mas Milton faz os cem versos seguintes tão solares quanto podem ser. Temos primeiro (v. 583) a imagem do sol *gentilmente aquecendo* o universo, e um indício das enormes distâncias que esta *potência* penetra. Então no verso 588, por meio do que não é muito mais do que um trocadilho com a palavra *spot* [lugar, ponto, mancha] temos a recente descoberta de *sun-spots* [manchas solares], feita por Galileu.[14] Mergulhamos em seguida na alquimia, porque os poderes quase ilimitados atribuídos ao ouro naquela ciência e a conexão do ouro com a influência solar criam uma espécie de espelho no qual podemos divisar as propriedades régias, vivificantes e *arquiquímicas* do sol. Então, trabalhando ainda indiretamente, Milton nos faz compreender a maravilha de um mundo sem sombra (v. 614-20). Depois disso encontramos Uriel (*Fogo de Deus*), e por ser o sol o *olho do*

---

[13] A estória do demônio Asmodeu encontra-se no livro de Tobias, um escrito deuterocanônico que não faz parte do cânone protestante, mas está presente na Bíblia católica.
[14] Na tradução de Daniel Jonas (Editora 34, 2015, p. 237) o verso 588 lê-se: "Ali pousa o demônio, mancha assim".

mundo (como toda criança aprendeu em Spenser e Ovídio, se não, em Plínio e Bernardo),[15] ficamos sabendo que Uriel é um daqueles espíritos que são os olhos de Deus (v. 650) e até mesmo, em um sentido específico, o *olho* singular de Deus neste mundo material (v. 660), e "de todo o Céu o mais agudo espírito" (v. 691). Não se trata, naturalmente, do sol da ciência moderna; mas quase tudo que o sol veio significar para o homem até a época de Milton foi aqui congregado, e a passagem como um todo, em sua própria expressão, "faz correr ouro potável".[16]

Grande parte do que é tomado por pedanteria em Milton (fala-se com excessiva frequência do seu "desmedido conhecimento") é, em verdade, evocação. Se céu e terra são esquadrinhados em busca de símiles e alusões, isso não é feito para ostentar, e sim para guiar gentilmente nossa imaginação rumo aos canais para onde o poeta deseja que ela flua; e, como já vimos, a instrução que se exige do leitor para responder à determinada alusão não se iguala à instrução demandada de Milton para encontrá-la. Quando tivermos compreendido isso, será talvez possível abordar aquele aspecto do estilo de Milton que tem sido o mais severamente criticado: o latinismo de suas construções.

A continuidade é uma parte essencial do estilo épico. Se a mera página impressa há de nos afetar feito a voz de

---

[15] Ovídio (43 a.C.–17 d.C.): poeta romano de grande importância e autor de diversas obras, dentre as quais as *Metamorfoses*; Plínio, o Velho (23–79 d.C.), naturalista e intelectual romano, autor da *História natural*, vastíssimo compêndio sobre inúmeras áreas do saber; Bernardo Silvestre, poeta e filósofo platônico medieval que viveu no século 12 e escreveu a *Cosmographia* [Cosmografia], uma alegoria filosófica sobre a criação do universo.

[16] *PP*, liv. 3, v. 608.

um bardo cantando em um salão, então o canto precisa *prosseguir* — suave e irresistivelmente, "por asas incansáveis levantado".[17] Não se pode permitir que nos acomodemos ao final de cada frase. Mesmo a pausa mais completa ao término de um parágrafo deve ser sentida como sentimos a pausa em uma peça musical, na qual o silêncio é parte da música, e não como sentimos a pausa entre um item de um concerto e o seguinte. Mesmo entre um livro e o seguinte, não devemos despertar inteiramente do encantamento nem despir nossas roupas festivas. Um barco não responderá ao timão a menos que esteja em movimento; o poeta pode trabalhar sobre nós apenas enquanto somos mantidos em movimento.

Grosso modo, Milton evita a descontinuidade ao evitar o que os gramáticos chamam de período simples.[18] Ora, se o tipo de coisas que ele estava dizendo fosse sequer parecido com as coisas que Donne[19] ou Shakespeare dizem, isso seria intoleravelmente cansativo. Ele, portanto, compensa a complexidade da sua sintaxe com a simplicidade dos amplos efeitos imaginativos que vão por baixo dela e a perfeita adequação de sua sequência. Para nós, leitores, isso na verdade quer dizer que nossa receptividade pode ficar mormente exposta à simplicidade subjacente, enquanto temos apenas de *jogar* com a sintaxe complexa. Não é de modo algum necessário ir ao fundo desses períodos versificados, como você vai ao fundo

---

[17] *PP.*, liv. 2, v. 408.
[18] Trata-se de um enunciado de sentido completo constituído de uma só oração chamada absoluta, isto é, dotada de um único verbo.
[19] John Donne (1572–1631): pregador anglicano e um dos grandes nomes da poesia metafísica que marcou o século 16, tendo produzido poemas amorosos, satíricos, elegíacos e religiosos, traduções do latim e uma vasta quantidade de sermões.

das frases em prosa de Hooker.[20] O sentimento geral (que se mostrará habitualmente correto, se você insistir em analisá-lo) de se estar diante de uma coisa altamente concatenada, de que o fluxo do discurso não se despedaça em grumos separados, de que se está a seguir uma grande voz inquebrantável — isso é o bastante para manter em você o movimento por meio do qual o poeta timoneia. Vejamos um exemplo:

> *Se ele fores — mas quão caído e vário*
> *Daquele dos de Luz alegres Reinos*
> *Co' excelso brilho trajado ofuscaste*
> *Miríades brilhosas. Se em sã liga,*
> *Conselho e pensar unos, símil risco*
> *E esperança na Empresa Gloriosa,*
> *Uniu-se então a mim, ao torpe uniu-se*
> *Ora em símil ruína: vês do Poço*
> *A altura da queda.*
>
> (*PP.*, liv. 1, v. 84-92)

Trata-se de um período bastante complicado. Por outro lado, se você o ler (e permita que o fantasma de uma voz cantante, e não falante, chegue a seus ouvidos) sem se incomodar com a sintaxe, você receberá em sua ordem mais natural todas as impressões exigidas — as glórias perdidas do céu, os primeiros planos e conspirações, as esperanças e riscos da guerra real, e então a torpeza, a ruína e o poço. A sintaxe complexa, contudo, não foi usada em vão. Ela preservou o *cantabile*, ela

---

[20] Richard Hooker (1554–1600): pastor da Igreja da Inglaterra e importante teólogo, autor de *Of the Lawes of Ecclesiastical Politie* [Acerca das leis da organização eclesiástica], obra publicada em oito livros entre 1593 e 1662. Sua prosa era por vezes considerada idiossincrática e difícil de acompanhar.

O estilo da épica secundária

lhe habilitou a sentir, mesmo dentro destes poucos versos, a enorme pressão de avanço da grande torrente em que você embarcou. E quase qualquer período no poema irá exemplificar este mesmo ponto.

As conexões extremamente latinas entre os períodos servem aos mesmos propósitos, e envolvem, como os símiles, uma boa quantidade de ilusão. Um bom exemplo é "nem por vezes olvidar", no livro 3, v. 32. Nesta passagem Milton convoca diretamente o que vinha indiretamente sugerindo todo o tempo: a figura do grande bardo cego. Ela será, é claro, grandemente enriquecida se os míticos bardos cegos da Antiguidade vierem a agir sobre nós. Um poeta como Spenser simplesmente começaria uma nova estrofe com "Assim como Homero", ou algo do tipo. Mas isso não há de servir bem ao propósito de Milton: é um pouco desconexo demais, e pode sugerir a tagarelice de um velho cavalheiro em sua cadeira. "Nem por vezes olvidar" o faz atravessar de "Sião e os arroios floridos até o cego Tâmires"[21] com uma aparência de continuidade, como o movimento estilizado por meio do qual um dançarino passa de uma posição para a seguinte. "Porém igualmente não" no verso 26 é outro exemplo. Assim como "Triste encargo, mas enredo" (liv. 9, v. 13) e "Dês que primo este assunto" (liv. 9, v. 25). Essas expressões não representam verdadeiras conexões de pensamento, não mais do que as sílabas prolongadas em Händel representam a pronúncia verdadeira.[22]

Há que se notar também que enquanto as construções latinas de Milton por um lado comprimem nossa linguagem,

---

[21] A travessia, no caso, dá-se entre os versos 30 e 35 do livro 3.
[22] Georg Friedrich Händel (1685–1759): compositor alemão naturalizado britânico que se destacou por suas óperas, oratórios e cantatas.

Prefácio ao Paraíso perdido

por outro elas a tornam mais fluida. Uma ordem fixa de palavras é o preço — um preço quase ruinoso — que o inglês paga por ser uma língua não declinada. As construções miltônicas permitem ao poeta evadir-se, em alguma medida, desta ordem fixa, e assim largar na ordem que preferir as ideias no período. Assim, por exemplo,

> *brando jugo apressou-me*
> *O ébrio juízo, calmo mas pensei*
> *Que então passava a meu pregresso estado*
> *Inconscio, e doravante dissolvido.*
>
> (*PP.*, liv. 8, v. 288-91)

A sintaxe é tão artificial que chega a ser ambígua. Não sei se *calmo* qualifica o *eu* implícito, ou *juízo*, e dúvidas semelhantes surgem acerca de *inconscio* e da construção até *dissolvido*. Mas então eu não preciso saber. A sequência ébrio — calmo — meu pregresso estado — inconscio — dissolvido é exatamente correta; o próprio desmoronamento da consciência está diante de nós, e a margem de mistério sintático antes ajuda, e não atrapalha, o efeito. Assim, em outra passagem, leio

> *o Céu escancarou*
> *Seus perenes Portões, sonido Harmônico*
> *Em áureos Gonzos movendo-se.*
>
> (*PP.*, liv. 8, v. 205-7)

Movendo-se pode ser um verbo transitivo no gerúndio, concordando com *portões* e tendo *sonido* por objeto direto; ou então o período inteiro, de *Harmônico* até *movendo-se*, pode ser um adjunto adverbial. O efeito da passagem, contudo, é o mesmo a despeito do que escolhermos. Um moderno extremado poderia ter tentado alcançar tal efeito com

> *Portões escancarados. Deslizam*
> *Em áureos gonzos...*
> *Movendo-se...*
> *Sonido Harmônico.*

Este derretimento das unidades habituais do discurso, este mergulho de volta a algo como a qualidade indivisível e fluida da experiência imediata, Milton igualmente obtém. Mas, por sua aparência de uma estrutura extremamente carpintejada, ele evita a sugestão febril, preserva o senso de dignidade e não exaspera a mente a fazer perguntas.

Por fim, resta julgar esse estilo não apenas como um estilo épico, mas como um estilo para a estória específica que Milton escolheu. Apelo aqui à paciência do leitor enquanto o examino em seu efetivo trabalho de narração. O tema de Milton o leva a lidar com certas imagens muito básicas na mente humana — com os padrões arquetípicos, como chamaria a Srta. Bodkin,[23] céu, inferno, paraíso, Deus, diabo, o guerreiro alado, a noiva desnuda, o vazio exterior. Se essas imagens nos chegam através de uma percepção verdadeiramente espiritual, ou de experiências pré-natais e infantis confusamente rememoradas, não é nossa questão aqui; o modo que o poeta as incita, as aperfeiçoa, e então as faz re-agir entre si em nossa mente é a preocupação do crítico. Uso a palavra

---

[23] Amy Maud Bodkin (1875–1967): autora de *Archetypal Patterns in Poetry: Psychological Studies in Imagination* [Padrões arquetípicos na poesia: Estudos psicológicos da imaginação] (1934), no qual analisa obras literárias a partir das teorias de Carl Gustav Jung.

"incita" deliberadamente. O leitor ingênuo pensa que Milton irá *descrever* o paraíso tal como Milton o imagina; na verdade, o poeta sabe (ou se porta como se soubesse) que isso é inútil. Sua própria imagem pessoal do ditoso jardim, tal como a sua ou a minha, é cheia de particularidades irrelevantes — notavelmente, de memórias do jardim em que primeiro brincou quando criança. E quanto mais minuciosamente ele descreve essas particularidades, mais distantes ficaremos da ideia paradísica tal como existe em nossa mente, ou mesmo na dele. Pois é algo que *atravessa* as particularidades, uma luz que as transfigura, que realmente importa, e, se você se concentrar nelas, acabará por tê-las mortas e frias sob suas mãos. Nesse sentido, quanto mais elaboradamente construirmos o templo, mais certamente descobriremos que, uma vez pronto, o deus dele se evadiu. Contudo, Milton precisa *parecer* que descreve — não se pode ficar sem dizer nada sobre o paraíso em *Paraíso perdido*. Enquanto parece descrever sua própria imaginação, ele na verdade precisa incitar a nossa, e incitá-la não para compor imagens precisas, mas para reencontrar em nosso próprio íntimo a luz paradísica da qual todas as imagens explícitas são meros reflexos momentâneos. Nós somos o órgão dele: quando ele dá a impressão de descrever o paraíso, ele de fato está extraindo a paragem paradísica presente em nós. O lugar onde ele nomeadamente faz isso (liv. 4, v. 131-286) merece um exame detalhado.

Ele começa com "assim ele avança" (v. 131). *Avança* é a palavra eficaz. Ele avança e avança. O paraíso está muito distante. No momento, aproximamo-nos apenas de suas fronteiras. A distância implica uma aproximação gradativa. Está "ora mais próximo" (v. 133). Então surgem os obstáculos; um "íngreme ermo" com "púbicas vertentes" (v. 135). Não negligenciem *púbicas*. A ideia freudiana de que o ditoso jardim é uma imagem do corpo humano não teria espantado Milton de forma alguma, embora, é claro, o ponto principal seja o de que a subida era "grotesca e feroz" (v. 136) e o "acesso vetado" (v. 137). Queremos, porém, algo além de obstáculos. Lembremos que, neste tipo de poesia, as batalhas do poeta são mormente vencidas por antecipação. Se ele puder nos dar a ideia de uma expectativa crescente, a ideia da luz paradísica a caminho, mas ainda não chegada, então, quando por fim ele precisa afetar estar descrevendo o próprio jardim, já teremos sido capturados. Ele está fazendo seu trabalho *agora*, de modo que, quando o clímax chegar, o trabalho de fato será realizado por nossa conta. Portanto, no verso 137, ele começa a tocar uma nota de progressão — progressão ascendente, um serialismo[24] vertical. "Sobranceiro" há um "inexpugnável cimo" de árvores (v. 138). Isso, porém, não é o bastante. As árvores são dispostas como uma escada ou em série (cedro, pinheiro e abeto), com um exemplar tradicionalmente oriental e triunfante (a palma) colocado em seu meio (v. 139). Elas se levantam como um cenário (v. 140), onde Milton está pensando em *silvis scaena coruscis*.[25] Elas sobem gradualmente, como em um teatro (v. 140-2). Já nesse momento, enquanto leio, sinto como se me doesse o pescoço por mirar mais e mais alto. Então, de modo um tanto inesperado, como se em paisagens oníricas, descobrimos que o que parecia o cume não é o cume. Acima de todas estas árvores, "porém inda mais alto" (v. 142), irrompe o viridente e vivaz muro do paraíso. E agora um

---

[24] Método de composição musical estruturado a partir de determinadas séries de notas. Entre as formas de música serial, a primeira foi o dodecafonismo, sistematizado nos anos 1920 pelo compositor austríaco Arnold Schoenberg (1874–1951).
[25] *En.*, liv. 1, v. 164. Na tradução de Carlos Alberto Nunes (Editora 34, 2021, p. 98): "uma esplêndida selva".

momento para descansar nossa mirada altiva; ao balançar da varinha, vemos a coisa de todo invertida — somos Adão, Rei da Terra, fitando *abaixo* de si, daquele parapeito verdejante, este mundo inferior (v. 144-5) — e, é claro, quando retornamos, ele parece ainda mais elevado. Pois mesmo aquele muro ainda não era o verdadeiro cume. Acima do muro — sim, finalmente, de forma quase inacreditável — vemos pela primeira vez com olhos mortais as árvores do próprio paraíso. Nos versos 147-9 temos o primeiro pedaço de descrição direta. Naturalmente, as árvores possuem frutos dourados. Sempre soubemos que teriam. Todos os mitos nos disseram isso; demandar "originalidade" nesse momento é de uma insensibilidade absoluta. Mas não nos é permitido continuar a fitá-las. O símile do arco-íris (v. 150-2) é introduzido, e de uma só vez nosso vislumbre do paraíso retrocede ao fim do arco-íris. Em seguida, o tema do serialismo é recuperado — o ar se torna mais puro a cada minuto (v. 153); e esta ideia (*Quan la douss aura venta*)[26] passa de pronto para dezenove versos de exploração do mais evocativo dos sentidos, subitamente confrontado pelo fétido cheiro de Satã (v. 167). Há então uma pausa, como após uma desnorteante peça orquestral, e retornamos às imagens de aproximação gradativa, Satã ainda "avançando" (v. 172). Os obstáculos agora se tornam mais formidáveis e sucede que (como descobriram os troianos ao avistar a Itália) a verdadeira entrada está "do outro lado" (v. 179). O que vem em seguida está relacionado ao tema principal da estória e pode ser aqui omitido. Retornamos ao paraíso no verso 205. Finalmente entramos, e agora cabe ao poeta fazer algo como uma descrição; para a sorte dele, nosso

---

[26] "Quando sopra a doce brisa", verso de ampla repercussão atribuído a Bernart de Ventadorn (c. 1130–c. 1200), notável trovador provençal francês.

complexo do paraíso ora se encontra completamente desperto e quase qualquer imagem particular que ele nos oferecer será apanhada e assimilada. Mas ele não começa por uma imagem particular, e sim por uma ideia — "em quarto estreito a natural riqueza" [v. 207]. O "quarto estreito", o sentido de um pequeno espaço protegido, de doçura encasulada, é essencial. Deus *plantou* tudo aquilo (v. 210). Não criou, mas plantou — um Deus antropomórfico saído de Ezequiel 31, o Deus de nossa infância e da do homem, criando um jardim de brinquedo tal como nós os criávamos quando éramos crianças. Os níveis mais antigos e inferiores estão sendo desvelados. E todo esse reino foi outrora cravejado de opulentas e antigas cidades; um "solo aprazível" (v. 214), mas a montanha do paraíso, como uma joia engastada em ouro, "bem mais aprazível" (v. 215), de modo que uma emoção furtada do esplendor das cidades ora flui em nosso sentimento do paraíso. As árvores vêm em seguida, árvores míticas e numinosas, e o "ouro vegetal" do jardim de Héspero (v. 217-22). Então os rios, que, como Alfeu, mergulham na escuridão, e dela emergem pelos *poros* ao chamado da "sede gentil" (v. 228), e o paraíso outra vez nos faz lembrar de um corpo humano; e em contraste com esta treva orgânica temos "crespos arroios" acima (v. 237) e as sólidas e luminosas sugestões de *pérola* e *ouro* (v. 238). Por fim, do verso 246 ao 265, temos de fato uma descrição. Tudo nela é, muito acertadamente, generalizado, além de breve. Um leitor não afeito a esse tipo de poesia possivelmente expressaria sua objeção ao paraíso de Milton dizendo que ele continha "todas as coisas certas" — resinas odoríferas, frutos dourados, rosas sem espinho, cascatas murmurantes — e que preferiria algo que não estivesse esperando. Mas o inesperado aqui não tem lugar. Essas referências ao óbvio e ao imemorial lá se encontram não para nos dar novas ideias sobre o jardim

Prefácio ao Paraíso perdido

perdido, mas para nos fazer saber que o jardim foi encontrado, que enfim chegamos ao lar e alcançamos o centro do labirinto — o nosso centro, o centro da humanidade, e não uma espécie de centro individual do poeta. E elas perduram apenas o bastante para fazê-lo. A representação começa a inchar e estremecer no verso 264 com a nervosa reiteração de *ares*, de modo que ela possa *rebentar* nos versos seguintes — que ela possa afluir em um alvoroço mitológico no qual ficamos, por assim dizer, encharcados. Eis o verdadeiro clímax; e então, tendo sido "emparaisados", estamos prontos no verso 288 para enfim encontrar as formas alvas, eretas, austeras e voluptuosas de nossos pais primevos.

CAPÍTULO 8

Defesa deste estilo

Agita uma mão Matemático Cristal,
Que, amelhando raios mil em fieira igual
De seus* fúlgidos olhos, queima Confusão,
Consciente do homem em sua vária condição.
Co' ele vestem-se Moral e Graciosidade
Em toda a sua vistosa excepcionalidade.
Noutra mão, com de loureiro vara propícia,
A repelir põe-se Barbaria e Avarícia,
Que então advinham, terra comendo e excrementos
E humanos membros; e jactantes aos assentos
Divos subiriam, morta fosse Cerimônia.

Chapman, *Hero and Leander*, 3, v. 143-53[1]

---

* Os da deusa Cerimônia.

[1] Originalmente um poema de Christopher Marlowe (1564–1593), contemporâneo de Shakespeare e um dos maiores dramaturgos do período elisabetano, *Hero and Leander* [Hero e Leandro] foi completado por George Chapman (c. 1559–1634), dramaturgo, poeta e tradutor inglês, famoso sobretudo por suas traduções de Homero. Constituindo uma espécie de epílio (pequena épica), *Hero and Leander* retoma o mito grego antigo sobre o encontro, os amores e o desencontro fatal de Hero, jovem sacerdotisa de Afrodite que vivia em uma torre na cidade de Sesto, e Leandro, jovem

Prefácio ao Paraíso perdido

Creio estar certo ao dizer que a reação de muitos leitores ao capítulo que acabei de terminar pode ser expressa nas seguintes palavras: "Você descreveu exatamente o que *não* chamamos de poesia. Esta manipulação do público que você atribui a Milton é apenas o que distingue a vil arte do retórico e do propagandista da atividade desinteressada do poeta. Esta evocação de respostas prontas a situações convencionais, que você escolheu chamar de padrões arquetípicos, é a própria marca do escritor barato. Esta pompa e grandiosidade calculadas são a pura antítese da verdadeira sinceridade poética — uma tentativa desprezível de parecer alto, montado em pernas de pau. Em suma, sempre suspeitamos que Milton era um escritor de araque, e você confirmou nossa suspeita. *Habemus confitentem reum*".[2] Tenho poucas esperanças de converter muitos dos que partilham de tal opinião; seria, porém, um erro não clarificar que a diferença entre nós é essencial. Se estes são os meus erros, não são erros em que incorri desavisadamente, e sim a própria mentira na alma. Se estas são as minhas verdades, são elas, portanto, verdades básicas, cuja perda acarreta morte imaginativa.

Primeiramente, sobre a manipulação. Não penso (e nenhuma grande civilização jamais o fez) que a arte do retórico é necessariamente vil. Ela é nobre em si mesma, embora, como a maioria das artes, possa ser perversamente utilizada. Não creio que retórica e poesia distinguem-se pela manipulação de certo público por um lado e, por outro, uma pura

---

habitante da cidade de Abidos que cruzava a nado todas as noites o estreito de Helesponto, que separava as localidades, guiado pela tocha acendida por Hero no alto de sua torre.

[2] Frase pertencente ao exórdio da oração de Cícero em defesa de Ligário (*Pro Ligarius*, cap. 1, seção 2), aplicada a uma confissão feita após inicial negação, e cujo sentido é "temos o réu confesso".

autoexpressão, tomada como seu próprio fim, e indiferente a qualquer público. Ambas as artes, em minha opinião, definitivamente almejam causar algum efeito no público. E ambas o fazem lançando mão da linguagem para controlar o que já existe em nossa mente. A *differentia* da retórica é que ela deseja produzir em nossa mente alguma resolução prática (condenar Warren Hastings ou declarar guerra a Filipe),[3] e o faz convocando as paixões em auxílio da razão. Ela é honestamente praticada quando o orador honestamente crê que a coisa em cujo nome e apoio convoca as paixões *é* a razão, e proveitosamente praticada quando esta sua crença se prova correta. Ela é maliciosamente praticada quando aquilo a que convoca o auxílio das paixões é, na verdade, desrazão, e desonestamente praticada quando o orador mesmo sabe que se trata de desrazão. O uso adequado é legítimo e necessário porque, como aponta Aristóteles, o intelecto em si "nada move": a transição do pensamento à ação, em quase todos os homens em quase todos os momentos, precisa da assistência de estados apropriados de sentimento. Como a finalidade da retórica encontra-se no mundo da ação, os objetos com os quais ela lida parecem abreviados, e muito de sua realidade é omitida. Desse modo, as ambições de Filipe são mostradas

---

[3] Warren Hastings (1732–1818): ex-governador-geral da Índia, acusado de supostos crimes durante seu mandato, dos quais foi absolvido após longos anos de tramitação judicial; provável alusão a Filipe II (1527–1598), rei da Espanha que tinha planos de invadir a Inglaterra, com o intuito de reinstituir o catolicismo no país, tendo obtido até mesmo autorização do papa Pio V para depor Elizabeth I (1533–1603), que foi posteriormente excomungada. A sucessão de confrontos navais menores, entre as Marinhas inglesa e espanhola, acabou por desencadear a Guerra Anglo-Espanhola (1585–1604), conflito intermitente que foi continuado por Filipe III (1578–1621), e chegou ao fim por meio de um tratado de paz negociado por Jaime I (1566–1625), sucessor de Elizabeth, em 1604.

apenas enquanto vis e perigosas, porque a indignação e o temor moderado são vias emocionais através das quais os homens passam do pensamento à ação. Ora, a boa poesia, se lidar com as ambições de Filipe, ofereceria a você algo bem mais próximo de sua realidade total — o que parece ser Filipe e o lugar de Filipe em todo o esquema das coisas. Seu Filipe seria, na verdade, mais *concreto* do que o Filipe do orador. Isto se dá porque a poesia tenciona produzir algo mais semelhante a uma visão do que a uma ação. Mas a visão, nesse sentido, inclui as paixões. Certas coisas, se não vistas como amáveis ou detestáveis, não estão sendo corretamente vistas de modo algum. Quando tentamos incitar em alguém o ódio por uma dor de dente, a fim de persuadi-lo a telefonar para o dentista, isso é retórica; mas mesmo que não houvesse qualquer questão prática envolvida, mesmo se apenas desejássemos veicular a realidade de uma dor de dente por algum propósito especulativo ou como um fim em si mesmo, ainda teríamos malogrado se a ideia produzida na mente de nosso amigo não abarcasse o ódio à dor de dente. A dor de dente, com a paixão deixada de fora, é uma abstração. Portanto, despertar e moldar as emoções do leitor ou do ouvinte é um elemento necessário naquela visão da realidade concreta que a poesia almeja produzir.

De forma muito grosseira, podemos quase dizer que, na retórica, a imaginação faz-se presente em nome da paixão (e, portanto, a longo prazo, em nome da ação), enquanto na poesia a paixão faz-se presente em nome da imaginação e, consequentemente, a longo prazo, em nome da sabedoria ou saúde espiritual — a retidão e a riqueza da resposta completa do homem diante do mundo. Tal retidão, é claro, possui a tendência de contribuir indiretamente para a ação legítima, além de ser em si mesma revigorante e tranquilizadora. É por

Defesa deste estilo

isso que os velhos críticos estavam bastante certos quando diziam que a poesia educava pelo deleite, ou deleitava pelo ensinamento.[4] As teorias rivais do Dr. Richards e do Prof. D. G. James,[5] portanto, talvez não sejam tão distintas a ponto de não nos permitir nelas reconhecer um ponto de contato. A poesia, para o Dr. Richards, produz um equilíbrio sadio de nossas atitudes psicológicas. Para o Prof. James, ela apresenta um objeto de "imaginação secundária",[6] dá-nos uma visão do mundo. Mas uma visão concreta (em oposição a uma puramente conceitual) da realidade de fato envolveria atitudes corretas; e a totalidade das atitudes corretas, se o homem é uma criatura minimamente adaptada ao mundo que habita, presumivelmente estaria em equilíbrio sadio. Entretanto, seja como for, a poesia certamente almeja transformar a mente do leitor. A ideia de uma poesia existente apenas para o

---

[4] Lewis refere-se aqui a uma ideia importante do pensamento do poeta latino Horácio, que defendia o poder da literatura de transmitir conhecimento a partir de seus recursos de encantamento poético e retórico, tornando o processo agradável, daí a máxima *"docere cum delectare"*, ou seja, "ensinar com deleite". Na sua *Arte poética*, escreve Horácio: "Os poetas desejam ou ser úteis, ou deleitar, ou dizer coisas ao mesmo tempo agradáveis e proveitosas para a vida" (*A poética clássica: Aristóteles, Horácio, Longino*, trad. de Jaime Bruna, Cultrix, 2005, p. 65).

[5] Ivor Armstrong Richards (1893–1979), conhecido como I. A. Richards: crítico literário inglês que trouxe certa precisão científica aos estudos literários. Escreveu, entre outros, *Princípios de crítica literária* (1924); David Gwylim James (1905–1968): crítico inglês e autor, entre outros, de *Scepticism and Poetry: An Essay on the Poetic Imagination* [Ceticismo e poesia: Ensaio sobre imaginação poética] (1937), no qual defende a doutrina da imaginação criadora alicerçada nos românticos ingleses, sobretudo Coleridge e Wordsworth, em oposição à estética psicologizante de I. A. Richards

[6] Conceito derivado de Coleridge que se refere ao mundo tal como apreendido pelo poeta a partir de um processo de dissolução e que, embora não possa corresponder integralmente ao mundo comumente tido por real, corresponde sim ao mundo em que ele habita e ao qual reage criativamente.

poeta — uma poesia antes entreouvida do que ouvida pelo público — é uma tola novidade na crítica. Não há nada de especialmente admirável em falar consigo mesmo. De fato, pode-se argumentar que Ele mesmo é o próprio público diante do qual um homem posa com maior frequência, e também o alvo de seus logros mais elaborados.

Em seguida vem a questão das respostas prontas. Por "resposta pronta" o Dr. I. A. Richards quer dizer uma atitude deliberadamente organizada, que substitui "o jogo direto e livre da experiência". Sou da opinião de que tal organização deliberada é uma necessidade primária da vida humana, e uma das principais funções da arte é prestar-lhe auxílio. Tudo o que descrevemos como constância no amor e na amizade, como lealdade na vida política, ou, em geral, como perseverança — virtude de todo sólida e prazer estável —, depende da organização de determinadas atitudes e de sua manutenção contra o eterno fluxo (ou "jogo direto e livre") da mera experiência imediata. Isso o Dr. Richards quiçá não negaria. Sua escola, porém, enfatiza o caminho oposto. Eles falam como se o aprimoramento das nossas respostas fosse sempre exigido rumo a uma discriminação mais minuciosa e uma particularização maior; jamais como se os homens necessitassem de respostas mais corriqueiras e mais tradicionais do que as que ora têm. Para mim, por outro lado, parece que a maioria das respostas das pessoas não são "prontas" o bastante, e que o jogo da experiência é demasiado livre e direto na maior parte de nós, em nome da segurança, felicidade ou dignidade humana. Diversas causas podem ser atribuídas à crença oposta. (1) O declínio da lógica, resultando em uma suposição imperturbável de que o particular é real, e o universal, não. (2) Um primitivismo romântico (não partilhado pelo próprio Dr. Richards) que prefere o meramente natural ao elaborado, o involuntário ao voluntário. Daí a perda da velha convicção (outrora igualmente partilhada por hindus, platônicos, estoicos, cristãos e "humanistas") de que a simples "experiência", tão distante de ser algo venerável, é em si mesma mero material cru, a ser controlado, moldado e trabalhado pela vontade. (3) Uma confusão (surgida do fato de que ambas são voluntárias) entre a organização de uma resposta e a pretensão de uma resposta. Von Hügel diz em algum lugar: "eu beijo meu filho não apenas porque o amo, mas para que possa amá-lo."[7] Isso é organização, e boa. Mas você também pode beijar crianças para dar a *impressão* de que as ama. Isto é pretensão, e ruim. A distinção não deve ser negligenciada. Críticos perceptivos estão por demais cansados de ver boas respostas prontas remedadas por maus escritores, que, quando enfim se deparam com a realidade, a tomam por mais uma instância de encenação. Eles são como um homem que conheci, que tinha visto tantas imagens ruins do luar sobre a água que criticou um açude de verdade sob uma lua de verdade como "convencional". (4) Uma crença (não apartada da doutrina do Imutável Coração Humano que discutirei mais tarde) de que certa probidade elementar das respostas humanas é "dada" pela própria natureza, e pode

---

[7] Friedrich Von Hügel (1852-1925): escritor religioso e apologista cristão austríaco, autor de uma vasta correspondência e, entre outras, da obra *The Mystical Element of Religion: As Studied in Saint Catherine of Genoa and Her Friends* [O elemento místico da religião: estudos a partir de Santa Catarina de Gênova e seus amigos] (1908). A citação encontra-se em uma carta de Hügel para o amigo George Tyrrell (1861-1909), padre, teólogo, filósofo e um dos líderes do movimento modernista católico. A carta é citada por Maude Petre (1863-1942), escritora inglesa, freira e amiga próxima de ambos, em *My Way of Faith* [Meu caminho de fé] (J. M. Dent & Sons, 1937).

Prefácio ao Paraíso perdido

ser tomada como certa, de modo que os poetas, protegidos por este alicerce, estão livres para se dedicar à ocupação mais avançada de nos instruir no caminho de discriminações mais e mais refinadas. Creio tratar-se de um perigoso engodo. Crianças gostam de brincar na sujeira; a resposta pronta a isso precisa ser *ensinada* a elas. A sexualidade normal, longe de ser um *datum*,[8] é conquistada por meio de um longo e delicado processo de sugestão e ajustamento que se mostra bem difícil para alguns indivíduos e, por vezes, para sociedades inteiras. A resposta pronta ao orgulho, que Milton levou em conta ao delinear o seu Satã, tem decaído desde o início do movimento romântico — eis uma das razões pelas quais estou redigindo estas palestras. A resposta pronta à traição tornou-se incerta; há apenas alguns dias ouvi um respeitável trabalhador defender Lord Haw-Haw[9] ao observar calmamente (e sem qualquer sinal de raiva ou ironia): "Não se pode esquecer de que é assim que ele ganha seu sustento". A resposta pronta à morte tornou-se incerta. Ouvi um homem dizer que a única coisa "divertida" que ocorreu enquanto ele esteve no hospital foi a morte de um paciente na mesma ala. A resposta pronta à dor tornou-se incerta; ouvi a comparação feita pelo Sr. Eliot entre o anoitecer e um paciente na mesa de cirurgia ser elogiada, ou melhor, glorificada, não por ser uma imagem impressionante do declínio da sensibilidade, mas porque era tão "agradavelmente desagradável". Mesmo

---

[8] Em latim no original: algo dado, pronto, acabado.
[9] Apelido atribuído a William Joyce (1906–1946): americano de ascendência anglo-irlandesa que se mudou para a Alemanha e de lá transmitiu propaganda nazista pelo rádio para a Inglaterra durante os anos da Segunda Guerra Mundial. Considerado traidor da pátria, Joyce foi condenado à morte após o término do conflito.

Defesa deste estilo

na resposta pronta ao prazer não se pode mais confiar; ouvi um homem (e jovem) condenar a poesia mais erótica de Donne porque "sexo", como ele chamava, sempre "o fazia pensar em desinfetante e produtos emborrachados". Aquela probidade elementar das respostas humanas, na qual estamos bem prontos para atirar os rudes epítetos "pronta", "crua", "burguesa" e "convencional", tão distante de ser algo "dado", é um delicado equilíbrio de hábitos treinados, laboriosamente adquiridos e facilmente perdidos, de cuja manutenção dependem nossas virtudes e nossos prazeres, e até mesmo, quem sabe, a sobrevivência de nossa espécie. Pois embora o coração humano não seja imutável (nada disso, ele muda de modo quase irreconhecível em um piscar de olhos), as leis da causalidade o são. Mesmo quando em voga, os venenos não deixam de matar.

Os exemplos que citei nos alertam para o fato de que aquelas respostas prontas de que precisamos para ser até mesmo humanos já se encontram em perigo. À luz dessa descoberta alarmante, não é preciso pedir desculpas por Milton ou por qualquer outro poeta pré-romântico. A poesia mais antiga, ao continuamente insistir em certos temas prontos — tais como o amor é doce, a morte, amarga, a virtude, adorável, e crianças ou jardins, encantadores —, estava realizando um serviço de importância não apenas moral ou civil, como também biológica. Mais uma vez, os velhos críticos estavam bastante certos ao dizer que a poesia "educava pelo deleite", pois a poesia era, anteriormente, um dos mais destacados meios pelos quais cada nova geração aprendia não a copiar, mas a compor, por meio da cópia,* boas respostas prontas. Desde que

---

*"Aprendemos como fazer coisas ao fazer as coisas que estamos aprendendo como fazer", como observa Aristóteles (*Ética*, livro 2, parte 1).

Prefácio ao Paraíso perdido

a poesia abandonou tal ocupação, o mundo não melhorou. Enquanto os modernos têm pressionado rumo à conquista de novos territórios de consciência, o velho território, no qual apenas o homem pode viver, foi deixado desguarnecido, e corremos perigo de encontrar o inimigo em nossa retaguarda. Precisamos recuperar com grande urgência a perdida arte poética de enriquecer uma resposta sem torná-la excêntrica, e de ser normal sem ser vulgar. Enquanto isso — até que tal recuperação se realize —, uma poesia como a de Milton nos é mais do que nunca necessária.

Há, ademais, um motivo específico pelo qual a poesia mítica não deve buscar novidade quanto a seus ingredientes. O que ela faz com os ingredientes pode ser livremente singular. Mas gigantes, dragões, paraísos, deuses e afins são em si mesmos a expressão de certos elementos básicos da experiência espiritual do homem. São, neste sentido, mais como palavras — palavras de uma língua que diz o que de outra forma seria indizível — do que como as pessoas e lugares em um romance. Atribuir-lhes características radicalmente novas não é tanto original quanto agramatical. O filme da Branca de Neve, aquela estranha mistura de gênio e vulgaridade, ilustrará esse ponto. Houve boa falta de originalidade no desenho da rainha. Ela era o próprio arquétipo de todas as rainhas belas e cruéis: aquilo que se esperava ver, exceto que era mais fiel ao tipo do que se ousaria crer. Houve má originalidade nos rostos cômicos inchados, bêbados e rebaixados dos anões. Não estão presentes a sabedoria, a avareza, nem o aspecto telúrico dos verdadeiros anões, mas uma imbecilidade de invenção arbitrária. Na cena em que Branca de Neve desperta na mata, porém, tanto a originalidade quanto a falta de originalidade certas foram usadas em conjunto. A boa falta de originalidade está no uso de animais

Defesa deste estilo

pequenos e delicados como consoladores, no verdadeiro estilo dos *märchen*.[10] A boa originalidade está em fazer com que tomemos erroneamente seus olhos pelos de monstros. A arte consiste inteiramente não em evocar o inesperado, mas em evocar com perfeição e rigor além do esperado a própria imagem que nos assombrou por toda a vida. O prodígio do paraíso ou do inferno de Milton é simplesmente que eles lá estão — de que a coisa foi por fim realizada —, que nosso sonho se coloca diante de nós e não se dissolve. Poucos poetas são capazes de atrair o leviatã com um anzol. Comparado com isso, o prazer efêmero de qualquer novidade que o poeta possa ter introduzido seria simples bagatela.

A acusação de grandiosidade calculada, de "pernas de pau", permanece. A dificuldade aqui é que o crítico moderno tende a pensar que Milton está de alguma forma tentando nos enganar. Sentimos a pressão do poeta em cada palavra — o caráter *construído* do verso — e, visto tratar-se do último efeito que a maior parte dos poetas deseja hoje produzir, corremos o risco de supor que Milton também o teria ocultado se pudesse, que isso seria um indício revelador do seu malogro em obter espontaneidade. Mas Milton quer soar espontâneo? Ele nos diz que seu verso foi na verdade impremeditado e atribui isso à musa. Talvez tenha sido. Talvez, àquela altura, seu próprio estilo épico teria se tornado "uma linguagem que pensa e poetiza por si mesma".[11] Mas

---

[10] Termo alemão para "contos de fada" ou "contos maravilhosos", imortalizado sobretudo no volume *Kinder — und Hausmärchen* [Contos maravilhosos infantis e domésticos] (1812–1815), dos irmãos e escritores alemães Jacob Grimm (1785–1863) e Wilhelm Grimm (1786–1859).

[11] Lewis retoma aqui, em tradução levemente distinta, a frase de Goethe referida no capítulo 4.

está longe de ser este o ponto. A verdadeira questão é se um *ar* de espontaneidade — uma impressão de que se trata do resultado direto de uma emoção pessoal imediata — seria minimamente adequado a este tipo de obra. Acredito que não. Haveríamos de perder o importantíssimo sentido de que *algo extraordinário está se realizando*. Maus poetas na tradição de Donne escrevem artificiosamente e tentam soar coloquiais. Se Milton fosse pôr em prática o engodo, o caminho seria o inverso. Um homem realizando um rito não busca fazer você pensar que este é seu modo usual de andar, que estes são os gestos impremeditados de sua própria vida doméstica. Se o largo uso efetivamente tornou inconsciente o ritual, ele deve se empenhar para fazê-lo parecer deliberado, de modo que nós, os ajudantes, possamos sentir o peso da solenidade a pressionar seus ombros assim como os nossos. Qualquer coisa casual ou familiar em sua conduta não é "sinceridade" ou "espontaneidade", mas impertinência. Mesmo se suas vestes não estiverem de fato pesadas, elas precisam *parecer* pesadas. Não há, porém, necessidade de supor qualquer engodo. O hábito e a devotada concentração mental, ou alguma outra coisa para a qual musa é um nome tão bom quanto qualquer outro, bem podem ter tornado possível que o verso do *Paraíso perdido* fluísse em sua mente sem esforço; mas o que fluía era algo estilizado, distante do coloquial, hierofântico. O estilo não finge ser mais "natural" do que um cantor finge falar.

Até mesmo o poeta, quando aparece em primeira pessoa no interior de seu próprio poema, não deve ser tomado como o indivíduo particular John Milton. Se o fosse, seria uma irrelevância. Ele também se torna uma imagem — a imagem do bardo cego —, e tudo o que ficamos sabendo sobre ele reforça aquele padrão arquetípico. É sua ocupação, não sua

Defesa deste estilo

pessoa, que é cantada. Seria um erro grosseiro considerar que a abertura de *Sansão*[12] e a abertura do livro terceiro nos mostrassem, respectivamente, o que Milton de fato sentia e o que gostaria que pensássemos que ele sentia sobre sua cegueira. O homem verdadeiro, é claro, sendo um homem, sentia muito mais coisas, e coisas menos interessantes, acerca disso do que está expresso em ambos os textos. Daquela experiência total, o poeta seleciona, para a sua épica e para a sua tragédia, o que é adequado a cada uma. A impaciência, a humilhação, os questionamentos à Providência adentram *Sansão* porque é do âmbito da tragédia "suscitar piedade e medo, ou terror, a fim de purgar a mente destas e outras paixões semelhantes [...] por um tipo de deleite atiçado pela leitura ou visão daquelas paixões bem imitadas".[13] Se não fosse ele mesmo cego, teria ainda (embora com menor conhecimento para guiá-lo) colocado exatamente aqueles elementos da experiência de um cego na boca de Sansão: pois a "disposição de sua fábula" de modo a "melhor se portar com verossimilhança e decoro" os exige.[14] Por outro lado, o que quer que seja calmo e elevado, quaisquer associações que tornam a cegueira venerável — tudo isso ele seleciona para a abertura do livro terceiro. Sinceridade e insinceridade são palavras sem qualquer aplicação em ambos os casos. Queremos um elevado poeta cego em um deles, queremos

---

[12] *Sansão agonista*; tragédia de Milton composta no molde clássico grego que acompanha o dia derradeiro do herói bíblico Sansão, já cego e cativo após a traição de Dalila. A obra foi publicada originalmente em 1671 junto com *Paraíso reconquistado*, a sequência do *Paraíso perdido*.
[13] Citação do texto "Of that sort of Dramatic Poem which is call'd Tragedy" [Do tipo de poema dramático chamado tragédia], que antecede *Sansão agonista*.
[14] *Idem*.

um prisioneiro padecente e questionador no outro. "O decoro é a grande obra-prima."[15]

A grandiosidade assumida pelo poeta em sua capacidade poética não deve suscitar reações hostis. É para o nosso proveito. Ela faz de sua épica um rito para que nela possamos tomar parte; quanto mais ritualizada ela se torna, mais somos elevados à categoria de partícipes. Precisamente porque o poeta aparece não como indivíduo, mas como hierofante ou corifeu, somos convocados não a ouvir o que um homem em particular pensava e sentia sobre a Queda, mas a participar, sob sua liderança, de uma grande dança mimética de toda a cristandade, nós mesmos ascendendo ao céu e de lá descendo, nós mesmos representando o inferno e o paraíso, a Queda e a contrição.

Isso basta quanto ao estilo de Milton, supondo que ele é de fato tão distante e artificial como se pensa. Em parte alguma minha defesa depende do questionamento de tal suposição, pois penso que lhe cabe ser distante e artificial. Mas não seria honesto suprimir minha convicção de que o grau em que ele possui tais qualidades tem sido exagerado. Muito do que pensamos tipicamente tratar-se de "dicção poética" em *Paraíso perdido* não era nada do tipo, e tornou-se desde então dicção poética apenas porque Milton disso fez uso. Quando ele escreve sobre um *vidro óptico* (liv. 1, v. 288), pensamos ser uma perífrase, porque nos

---

[15] Citação levemente alterada de uma passagem do texto de Milton intitulado "On Education" [Sobre a educação]. Decoro, noção importante em Aristóteles, Horácio e nos comentadores italianos (Castelvetro, Tasso, Mazzoni, entre outros), refere-se de modo geral à adequação entre a linguagem utilizada por um personagem e o seu caráter ou posição social, equilíbrio importante para convencer e mesmo comover os espectadores.

Defesa deste estilo

lembramos de Thomson ou Akenside;[16] mas ela parece ter sido uma expressão corrente na época de Milton. Quando lemos *ruína e combustão* (liv. 1, v. 46) naturalmente exclamamos *aut Miltonus aut diabolus!*[17] No entanto, dizem que palavras idênticas aparecem em um documento do Parlamento Longo.[18] *Alquimia* (liv. 2, v. 517) soa como a vagueza miltônica; é, na verdade, quase um nome de comércio [*trade name*]. *Numeroso*, quando aplicado ao verso (liv. 5, v. 150), soa "poético", mas não era. Se pudéssemos ler o *Paraíso perdido* como realmente era, veríamos mais jogo muscular do que ora vemos. Mas apenas um pouco mais. Defendo aqui o estilo de Milton como um estilo ritualístico.

Penso que os críticos mais antigos podem ter nos desencaminhado ao dizer que "admiração" ou "assombro" é a resposta adequada a tal poesia. Se "admiração" for tomada em seu sentido moderno, o equívoco certamente se torna desastroso. Devo antes dizer que júbilo ou entusiasmo foi o que ela produziu — um excedente de robusto e tranquilo bem-estar em uma experiência totalizante que contém elementos tanto arrebatadores quanto dolorosos. Em "The Dry Savages", o Sr. Eliot fala de uma "música ouvida tão a

---

[16] James Thomson (1700–1748): poeta e dramaturgo escocês cujas obras mais conhecidas são *The Seasons* [As estações] (1730) e *The Castle of Indolence* [O castelo da indolência] (1748); Mark Akenside (1721–1770): poeta e médico inglês autor do poema didático *The Pleasures of Imagination* [Os prazeres da imaginação] (1744).
[17] Em latim no original: "ou Milton ou o diabo!".
[18] Parlamento inglês ativo entre 1640 e 1660, que sucedeu o malogro do Parlamento Curto (que durou apenas três semanas em 1640) e foi dissolvido, por comum acordo entre seus membros, apenas após a Guerra Civil Inglesa (1642–1649) e já quase no fim do Interregno (1649–1660), que precedeu a restauração de Carlos II.

fundo que nem se ouve".[19] Apenas ao emergir do modo de consciência induzido pela sinfonia voltamos a atentar explicitamente nos sons que o induziram. Da mesma forma, quando somos apanhados pela experiência que um estilo "grandioso" comunica, não estamos, em certo sentido, mais conscientes do estilo. O incenso é consumido pelo uso. O poema acende admirações que não nos dão espaço para admirá-lo. Quando nossa participação em um ritual se torna perfeita, não mais pensamos nele, mas somos absorvidos por aquilo *acerca de que* o rito é performado; mais tarde, porém, reconhecemos que o ritual era o único método por meio do qual esta concentração poderia ser alcançada. Aqueles que ao lerem o *Paraíso perdido* sentem-se forçados a se atentar ao som e ao modo do começo ao fim simplesmente não descobriram o que este som e este modo tencionavam realizar. Um estudante que lê uma página de Milton ao sabor do acaso, pela primeira vez, e então ergue a cabeça e exclama "Eita!", sem saber como a coisa se deu, apenas que aquela nova força, vastidão, esplendor e satisfação transformaram seu mundo, está mais próximo da verdade do que eles.

---

[19] "The Dry Salvages" é o terceiro dos *Quatro quartetos* (1943), uma das obras poéticas mais destacadas de Eliot.

CAPÍTULO 9

A doutrina do imutável coração humano

Os homens enganam-se enormemente quando se recusam a estar presentes em todas as eras e descuram de ver a beleza de todos os reinos.

Traherne[1]

Preocupamo-nos até aqui quase exclusivamente com a forma do *Paraíso perdido*, e é chegada a hora de nos voltarmos ao seu assunto. O leitor moderno também aqui encontra dificuldades. O Sr. Brian Hone,[2] jogador de críquete e professor, disse-me uma vez que havia reconciliado seus alunos com a

---

[1] Citação do fragmento 85 do capítulo "The First Century" [O século primeiro], da obra *Centuries of Meditation* (1908) do poeta, clérigo e teólogo inglês Thomas Traherne (c. 1636–1674). Parte de seus escritos só foi descoberta e publicada no começo do século 20.
[2] Brian William Hone (1907–1978): famoso diretor escolar, que foi jogador de críquete australiano em sua juventude.

necessidade que temos de ler Milton com notas, apontando quantas notas Milton precisaria se lesse um livro moderno. O recurso é promissor. Se Milton voltasse dos mortos e passasse uma semana lendo a literatura de nossos dias, pense na safra de perguntas que ele poderia levar até você. Seria preciso ir longe para fazê-lo entender como *liberal*, *sentimental* e *complacente* se tornaram termos de desaprovação, e, antes que houvesse finalizado, você descobriria ter embarcado na explicação de uma filosofia em vez de em questões meramente lexicais. Ora, quando lemos o *Paraíso perdido*, as posições se invertem: Milton está em seu próprio terreno, e é nossa vez de sermos os aprendizes.

Como há de lidar o estudante de poesia com esses abismos entre as eras? Um método frequentemente sugerido pode ser chamado de método do imutável coração humano. De acordo com ele, as coisas que separam uma era da outra são superficiais. Por exemplo, se despíssemos a armadura de um cavaleiro medieval ou a renda de um cortesão do rei Carlos,[3] encontraríamos debaixo delas uma anatomia idêntica à nossa. Dessa forma, caso o princípio se sustente, se despíssemos o imperialismo romano de Virgílio, o código de honra de Sidney,[4] a filosofia

---

[3] No original, "Caroline courtier". "Caroline" é usado predominantemente para se referir aos reis Carlos I (1600–1649) e Carlos II (1630–1685) da Inglaterra, cujos reinados foram contemporâneos a Milton e separados pelo Interregno inglês (1649–1660), iniciado pela execução de Carlos I, e seguido pela ascensão do lorde protetor Oliver Cromwell (1599–1658), a sucessão de diversas modalidades de governos republicanos, a morte de Cromwell, e, por fim, o retorno de Carlos II ao país, dando início à restauração monárquica.

[4] Philip Sidney (1554–1586): poeta, erudito e soldado inglês de grande destaque na era elizabetana, cujas obras principais são o tratado *Defesa da poesia* (1595) e o romance pastoral *The Countess of Pembroke's Arcadia* [A condessa da Arcádia de Pembroke] (1593).

epicureia de Lucrécio,⁵ e a religião de todos que a professam, haveremos de encontrar o imutável coração humano, e nisto nos concentraremos. Sustive eu mesmo esta teoria por muitos anos, mas agora a abandonei. Continuo, é claro, admitindo que se removêssemos das pessoas as coisas que as tornam distintas, o que sobra deve ser idêntico, e que o coração humano certamente parecerá imutável se ignorarmos suas mudanças.

Porém, passei a duvidar se o estudo desse mero mínimo múltiplo comum (MMC) é a melhor tarefa a que o estudante de poesia antiga pode se dedicar. Se estivermos em busca do MMC, então nos veremos tentados a tratar como mais importantes em cada poema aqueles elementos pertencentes ao MMC que permanecem após o processo de despimento. Mas e se estes não forem de fato os elementos mais importantes no verdadeiro equilíbrio do poema que estamos lendo? Todo o nosso estudo do poema terá então se tornado uma batalha entre nós e o autor, na qual tentamos fazer sua obra caber em um molde que ele jamais lhe conferiu, fazendo-o pressionar o pedal de sustentação, onde ele na verdade usou o pedal abafador; forçosamente conferir falso relevo ao que ele de modo algum enfatizou; e negligenciar o que ele de fato pôs em grande evidência. A leitura moderna mais antiga de Dante, com sua ênfase desproporcional no *Inferno* e, dentro dele, no episódio de Paolo e Francesca, é um exemplo disso. A concentração habitual nos elementos satíricos na continuação do *Romance da Rosa* de Jean de

---

⁵Tito Lucrécio Caro (c. 94 a.C.–c. 50 a.C.): poeta e filósofo romano, autor de *Da natureza das coisas*, poema didático que versa sobre a filosofia moral de Epicuro de Samos (341 a.C.-270 a.C.) e a física atomista de Demócrito de Abdera (c. 460 a.C.-370 a.C.).

Meun é outro.[6] Ocasionalmente, também, os aspectos a que conferimos esse falso relevo não são de fato manifestações de algum elemento sequer especialmente imutável na humanidade, mas apenas aqueles sobre os quais o longo processo de mudança produziu uma similaridade entre o autor antigo e o estado de espírito moderno. Encontramos não o imutável, mas uma oportuna semelhança com a nossa própria transformação — feito o escocês que pensou que a infantaria grega devia ser composta por bons e verdadeiros presbiterianos porque vestiam *kilts*.[7] Assim iludidos, podemos vir a supor que Virgílio é especialmente expressivo acerca do imutável coração humano no episódio de Dido, ou que a morte de Absalão é mais "central" do que a morte de Abel.[8] Não digo que mesmo nesses termos seja impossível obter algum proveito de nossa leitura; não devemos, contudo, imaginar que estamos apreciando as obras que os velhos autores de fato escreveram.

Há, felizmente, um caminho melhor. Em vez de despir o cavaleiro, você pode tentar vestir a armadura dele; em vez de ver como o cortesão ficaria sem sua renda, você pode tentar ver como você se sentiria *com* ela; isto é, com a honra, engenho,

---

[6] Jean de Meun (c. 1240–c. 1305): famoso poeta francês conhecido por sua continuação do *Roman de la Rose* [Romance da Rosa], obra fortemente influenciada pelo conceito de amor cortês e que foi iniciada pelo também poeta francês Guillaume de Lorris (c. 1200–c. 1238).
[7] Lewis refere-se aqui à semelhança entre o *kilt* escocês e a *fustanella*, uma saia branca plissada utilizada por homens em ocasiões cerimoniais e militares tanto na Grécia quanto na região dos Bálcãs, tendo sido inclusive o principal uniforme militar durante a vigência do Império Otomano.
[8] O episódio de Dido encontra-se no livro 4 da *Eneida;* a morte de Absalão, em 2Samuel 18.

A doutrina do imutável coração humano

monarquismo e galantarias dele, saídas do *Grand Cyrus*.⁹ Eu preferiria muito mais saber como me sentiria se adotasse as crenças de Lucrécio do que como Lucrécio teria se sentido se jamais as houvesse tido. O possível Lucrécio em mim mesmo me interessa mais do que o possível C. S. Lewis em Lucrécio. Em *Avowals and Denials* [Asserções e negações], de G. K. Chesterton,¹⁰ há um ensaio admirável chamado "On Man: Heir of All the Ages" [Acerca do homem: Herdeiro de todas as eras]. Um herdeiro é aquele que herda e "qualquer homem despegado do passado [...] é um homem muito injustamente deserdado". Para desfrutar de nossa humanidade plena, devemos, na medida do possível, conter potencialmente dentro de nós, a todo momento, e de vez em quando atualizar, todos os modos de sentir e pensar pelos quais o homem passou. Você precisa, até onde existe em você, tornar-se um chefe aqueu ao ler Homero, um cavaleiro medieval ao ler Malory,¹¹ e um

---

⁹ *Artamène ou le Grand Cyrus* [Artamène, ou o grande Ciro] é um ciclo de romances escrito entre 1649 e 1653 e publicado originalmente em dez volumes que ultrapassavam 13 mil páginas, o que o torna um dos romances mais longos da história. Embora o nome creditado nos frontispícios seja o de George de Scudéry, a obra costuma ser atribuída à sua irmã escritora Madeleine.

¹⁰ Gilbert Keith Chesterton (1874–1936): polímata inglês autor de várias obras destaque, incluindo as aventuras detetivescas do Padre Brown, o romance *O homem que era quinta-feira* (1908), e a obra apologética *O homem eterno* (1925), que Lewis tinha em alta conta. A seleta de ensaios *Avowals and Denials* foi publicada em 1934.

¹¹ Thomas Malory (?–1471): escritor inglês de identidade incerta, tido por autor de *Le Morte d'Arthur* [A morte de Arthur] (1485), a mais clássica versão inglesa das lendas arturianas, completada por volta de 1470, quando Malory se encontrava possivelmente encarcerado. A obra coleta, combina e abrevia os principais romances em prosa franceses sobre o assunto, eles mesmos baseados em versões poéticas anteriores, e os suplementa com versões inglesas das lendas.

londrino do século 18 ao ler Johnson.[12] Apenas dessa forma você estará apto a julgar as obras "co' espírito semelho de quem as escreve"[13] e a evitar a crítica quimérica. É melhor estudar as mudanças de que o ser do coração humano é largamente composto do que nos entretermos com ficções acerca de sua imutabilidade. Pois a verdade é que quando você tiver despido do que o coração humano de fato era nessa ou naquela cultura, restará uma mísera abstração de todo dessemelhante à vida de fato vivida por qualquer ser humano. Para extrair um exemplo de um assunto simples, a alimentação humana, uma vez abstraída de tudo que é peculiar à prática social e culinária de diferentes épocas e lugares, torna-se algo meramente físico. O amor humano, abstraído de todos os variados tabus, sentimentos e discriminações éticas que o acompanharam, torna-se algo capaz de receber apenas tratamento médico, não poético.

Os lógicos perceberão que a falácia do imutável coração humano é mais uma instância da visão do MMC acerca do universal — a ideia de que um motor é mais verdadeiramente um motor se não for alimentado por vapor, gás ou eletricidade, se não for estacionário nem locomotivo, se não for grande nem pequeno. Na verdade, porém, você compreende a motoricidade[14] ou a humanidade ou qualquer outro universal

---

[12] Samuel Johnson (1709–1784): conhecido como Doutor Johnson, o grande homem inglês de letras do século 18, autor de inúmeras obras que abrangem edições de poetas importantes como Shakespeare, biografias de poetas ingleses, um romance, e até mesmo um dicionário. Johnson é o assunto de uma das mais famosas biografias das letras inglesas, *The Life of Samuel Johnson* [A vida de Samuel Johnson], de James Boswell (1740–1795).
[13] Lewis retoma aqui o verso de Pope presente na epígrafe do primeiro capítulo.
[14] Neologismo para traduzir o termo *enginehood*.

precisamente ao estudar todas as coisas distintas que ele pode se tornar — ao seguir, e não ao cortar, os galhos da árvore.

Devemos, portanto, tapar os ouvidos quando o Prof. Saurat nos convida a "estudar o que há de originalidade duradoura no pensamento de Milton e especialmente desenredar da bobagem teológica o interesse permanente e humano" (*Milton*, p. 111).[15] Isso seria como nos pedir que estudássemos *Hamlet* após a "bobeira" do código de vingança ter sido extirpada, ou centopeias depois de libertadas de suas pernas irrelevantes, ou a arquitetura gótica sem os arcos ogivais. Purgado de sua teologia, o pensamento de Milton não existe. Nosso plano precisa ser bem distinto — mergulhar de cabeça na "bobeira" para ver o mundo como se nele crêssemos, e então, ainda retendo tal postura em nossa imaginação, ver o tipo de poema resultante.

A fim de não usufruir de qualquer vantagem injusta, devo prevenir o leitor que eu mesmo sou cristão, e que algumas (mas de forma alguma todas) das coisas que o leitor ateu precisa "tentar sentir como se cresse" eu, na verdade, em prosa fria, de fato creio. Mas para o estudante de Milton, meu cristianismo é uma vantagem. O que você não daria para ter um epicurista em carne e osso do seu lado ao ler Lucrécio?

---

[15] Denis Saurat (1890–1958): prolífico estudioso anglo-francês que publicou estudos sobre o autor do *Paraíso perdido*, incluindo *Milton: Man and Thinker* [Milton: O homem e o pensador] (1925), obra que Lewis cita (e à qual reage aguerridamente) aqui e que inspirou leituras múltiplas e controversas sobre o poeta inglês.

CAPÍTULO 10

Milton e Santo Agostinho

Por têmpera premente e orgulho altivo,
Previno-te, aqui tem-se ódio severo

Pearl, v. 401-2[1]

A versão de Milton para a estória da Queda é substancialmente a de Santo Agostinho, que é a da igreja como um todo. Ao estudar esta versão, aprenderemos o que a estória significava de modo geral para Milton e seus contemporâneos, e assim estaremos mais propensos a evitar as diversas falsas ênfases a que os leitores modernos estão sujeitos.

1. Deus criou todas as coisas sem exceção como boas, e porque elas são boas, "Nenhuma *Natureza* (isto é, nenhuma realidade positiva) é má, e a palavra má denota simplesmente

---

[1] Composto em inglês médio possivelmente entre o final do século 14 e o começo do 15, *Pearl* [Pérola] é um dos principais poemas do *corpus* da poesia medieval inglesa, cuja autoria costuma ser atribuída pelos estudiosos ao mesmo poeta que teria composto *Sir Gawain e o Cavaleiro Verde* e outros dois poemas, *Patience* [Paciência] e *Cleanness* [Pureza], todos encontrados em um mesmo manuscrito.

a privação do bem" (*De Civitate Dei*, livro 11, cap. 22).²
Portanto, diz o Deus de Milton sobre Adão: "Criei-o justo e probo" e acrescenta: "tal todos fiz os Etéreos Poderes" (*Paraíso perdido*, livro 3, v. 98; 100). Daí diz o anjo: "Do Onipotente/ As coisas procedem [...] Se não privadas do bem, criadas todas/ à perfeição" (*PP.*, liv. 5, v. 469-72).

2. O que chamamos coisas más são coisas boas pervertidas (*De Civ. Dei*, liv. 14, cap. 11). Esta perversão surge quando uma criatura consciente se torna mais interessada em si mesma do que em Deus (*De Civ. Dei*, liv. 14, cap. 11) e deseja existir "por si mesma" (*esse in semet ipso*)³ (*De Civ. Dei*, liv. 14, cap. 13). Eis o pecado do orgulho. A primeira criatura a cometê-lo foi Satã, "o anjo orgulhoso que voltou-se de Deus para si mesmo, não desejando ser súdito, e sim regozijar-se feito um tirano ao ter seus próprios súditos" (*De Civ. Dei*, liv. 14, cap. 11). O Satã de Milton adequa-se perfeitamente a esta descrição. Ele está primeiramente preocupado com sua dignidade; ele se revoltou por "julgar-se lesado" (*PP.*, liv. 5, v. 665). Ele busca sustentar a ideia de que existe "por si mesmo" no sentido de não ter sido criado por Deus, "autogerado por seu poder vivificante" (*PP.*, liv. 5, v. 860-1). Ele é um "grande Sultão" (*PP.*, liv. 1, v. 348) e "monarca" (*PP.*, liv. 2, v. 467), misto de déspota oriental e príncipe maquiavélico (*PP.*, liv. 4, v. 393).

---

² Escrita contra as alegações de que o cristianismo seria responsável pela queda de Roma, *A cidade de Deus* (426 d.C.) é uma das principais obras de Agostinho de Hipona (354-430 d.C.), comumente nomeado Santo Agostinho, autor incontornável no âmbito da filosofia e teologia dos primeiros séculos do cristianismo. Um dos textos mais influentes do pensamento cristão até os dias de hoje, *A cidade de Deus* aborda questões de grande importância, como o sofrimento dos justos, a existência do mal, o embate entre livre-arbítrio e onisciência divina, e a doutrina do pecado original.
³ Em latim no original: "ser em si mesmo".

3. Desta doutrina do bem e do mal decorre (a) que o bem pode existir sem o mal, como no céu e paraíso de Milton, mas não o mal sem o bem (*De Civ. Dei*, liv. 14, cap. 11); (b) que anjos bons e maus partilham da mesma natureza, feliz quando aderente a Deus e mísera quando aderente a si mesma (*De Civ. Dei*, liv. 13, cap. 1). Os dois corolários explicam todas aquelas passagens em Milton, frequentemente incompreendidas, nas quais se insiste na excelência da *natureza* de Satã em contraste com a perversão de sua *vontade* e como um agravamento desta. Se não restar nenhum bem (isto é, nenhum ser) para ser pervertido, Satã cessará de existir; por isso lemos que "sua forma inda retinha/ Todo o fulgor primevo" e ainda aparecia como "glória ensombrada" (*PP.*, liv. 1, v. 591-4).

4. Embora Deus tenha criado todas as criaturas boas, ele prevê que algumas voluntariamente se tornariam más (*De. Civ. Dei*, liv. 14, cap. 11) e também prevê o bom uso que ele então fará da maldade delas (*De. Civ. Dei*, liv. 14, cap. 11). Pois assim como ele mostra sua benevolência ao *criar* boas naturezas, ele mostra sua justiça ao *explorar* vontades perversas ("*Sicut naturarum bonarum optimus creator, ita voluntatum malarum justissimus ordinator*") (*De Civ. Dei*, liv. 11, cap. 17).[4] Tudo isto é repetidamente visto em ação no poema. Deus vê Satã a caminho de perverter o homem; "e há de pervertê-lo", observa ele (*PP.*, liv. 3, v. 92). Ele sabe que Pecado e Morte "julgam-no tolo" por permitir-lhes adentrar o universo tão facilmente, mas Pecado e Morte não sabem que Deus "lá os convocou a lamber,/ Cães seus ínferos, restos e dejetos"

---

[4] Na tradução de J. Dias Pereira (Fundação Calouste Gulbenkian, 2000, p. 1029): "[Mas Deus,] assim como é o criador excelente das naturezas boas, assim é também o ordenador justíssimo das vontades más".

(*PP.*, liv. 10, v. 620 em diante). Pecado, em lamentável ignorância, confundiu essa "convocação" divina com "simpatia ou semelha força" entre si e Satã (*PP.*, liv. 10, v. 246). A mesma doutrina é reforçada no livro 1, quando Satã ergue sua cabeça do lago flamejante por "altiva dádiva do Céu supremo" (*PP.*, liv. 10, v. 212). Como apontam os anjos, aquele que tenta se rebelar contra Deus obtém resultado oposto à sua intenção (*PP.*, liv. 8, v. 613-6). No final do poema, Adão fica atônito diante do poder "que gera tanto bem de mal tamanho" (*PP.*, liv. 12, v. 470). Este é o exato reverso do programa ideado por Satã no livro 1, quando esperava, se Deus tentasse realizar qualquer bem por meio dele, "tal fim perverter" (v. 164); em vez disso, ele tem permissão para realizar todo o mal que deseja e descobre ter feito o bem. Aqueles que não desejam ser filhos de Deus tornam-se instrumentos dele.

5. Se não houvesse a Queda, após ter se multiplicado por completo, a raça humana teria sido promovida ao estado angelical (*De Civ. Dei*, liv. 14, cap. 10). Milton concorda. Deus diz que os homens hão de habitar a terra, não o céu, "té que soerguidos pelo mérito/ Por fim para si abram o caminho" (*PP.*, liv. 8, v. 157-8). O anjo alude a Adão que "pode chegar o dia" em que os corpos terrestres "tornar-se-ão todos espírito" e "alados se alcem" (*PP.*, liv. 5, v. 493-8).

6. Satã atacou Eva em vez de Adão porque sabia que ela era menos inteligente e mais crédula (*De Civ. Dei*, liv. 14, cap. 11). Assim, o Satã de Milton alegra-se ao encontrar "a mulher, às surtidas suscetível" apartada do homem "cujo maior intelecto ele evita" (*PP.*, liv. 9, v. 481-3).

7. Adão não foi enganado. Ele não tomou por verdade o que sua esposa lhe disse, mas submeteu-se movido pelo laço social (*socialis necessitudo*) entre eles (*De Civ. Dei*, liv. 14, cap. 11). Milton, com uma ênfase bem tenuamente aumentada no

elemento erótico (à custa do afetivo) da motivação de Adão, quase parafraseia isso — "Contra o saber maior seu, não logrado,/ Mas gentil presa de femíneo encanto" (*PP.*, liv. 9, v. 998-9). Não devemos, contudo, exagerar a diferença. A formulação *ab unico noluit consortio dirimi*[5] é ecoada de perto pela fala do Adão miltônico em "Como sem ti viver, como abster-me/ De teu Amor e Fala a mim tão caros" (liv. 9, v. 908-9). A súbita transição por meio da qual o Jardim do Éden, nunca antes visto no poema senão enquanto nosso desejo íntimo, converte-se "nestas ermas Matas bravias"[6] é talvez a mais refinada expressão de uma despedida iminente em qualquer poema.

8. A Queda consistiu em desobediência. Qualquer ideia de uma maçã mágica está fora de questão. A maçã "não era má ou danosa exceto na medida em que era proibida", e o único motivo para proibi-la era incutir obediência, "virtude que em uma criatura racional [a ênfase está em *criatura*; aquilo que, embora racional, é meramente uma criatura, um ser não autoexistente] é, por assim dizer, a mãe e tutora de *todas* as virtudes" (*De Civ. Dei*, liv. 14, cap. 12). Trata-se exatamente da visão de Milton. A ideia de que a maçã possui qualquer importância *intrínseca* é colocada na boca dos personagens maus. No sonho de Eva trata-se de um "fruto divino", "a deuses propício" e "capaz de os Homens tornar deuses" (*PP.*, liv. 5, v. 67-70). Satã presume que o conhecimento está magicamente contido na maçã e será passado para quem dela comer à despeito da vontade dos que proibiram seu consumo (*PP.*, liv. 9, v. 721 em diante). Os personagens bons falam de forma um tanto diversa. Para eles, a maçã é "penhor uno de sua obediência" (*PP.*, liv. 3, v. 95), o "sinal

---

[5] Na tradução de J. Dias Pereira (Fundação Calouste Gulbenkian, 2000, p. 1274): "mas ele não quis separar-se da sua única mulher".
[6] *Paraíso perdido*, livro 9, v. 910.

de nossa obediência" (*PP.*, liv. 4, v. 428), o assunto de uma ordem única e justa (*PP.*, liv. 5, 551), "Minha única ordem" (*PP.*, liv. 8, v. 329). A ideia de que se a maçã não possui qualquer magia intrínseca então a quebra da proibição torna-se uma questão diminuta — em outras palavras, de que o Deus miltônico está fazendo muito barulho por nada — é expressa apenas por Satã. "Por dolo o seduzi/ Do seu Criador, e para mais pasmá-lo/ Fi-lo co' uma maçã; por conta disso,/ Ofenso e tão risível, abriu mão,/ Dos dois, do amado homem e seu Mundo" (*PP.*, liv. 10, v. 485-9). Santo Agostinho considera a desobediência odiosa justamente porque a obediência era muito fácil (*De Civ. Dei*, liv. 14, cap. 12).

9. Mas se a Queda *consistiu em* desobediência, ela *resultou*, tal como a de Satã, do orgulho (*De Civ. Dei*, liv. 14, cap. 13). Daí Satã abordar Eva por meio do orgulho desta; primeiro ao adular sua beleza (*PP.*, liv. 9, v. 532-48) que "merece ser vista [...] adorada e servida por Anjos" e, segundo (o que é mais importante), ao instar sua individualidade a revoltar-se diretamente contra o fato de estar de todo modo sujeita a Deus. "Por que", indaga ele, "isso foi proibido,/ senão p'ra ignavos e servis manter-vos,/ Seus adorantes?" (*PP.*, liv. 9, v. 703-5). Trata-se de um apelo direto ao anseio da criatura finita por ser "em si mesma", *esse in semet ipso*. Quando come "seu pensar em Deus não estava" (*PP.*, liv. 9, v. 790).

10. Uma vez que a Queda consistiu na desobediência do homem quanto ao seu superior, ela foi punida pela perda de autoridade do homem sobre os seus inferiores; isto é, mormente sobre suas paixões e organismo físico (*De Civ. Dei*, liv. 14, cap. 15). O homem clamou por anarquia; Deus lhe permitiu obtê-la. Desse modo, em Milton, Deus diz que os poderes do homem foram "prescritos", "confiscados" e "subjugados" (*PP.*, liv. 3, v. 176). No livro 9 ficamos sabendo que, após

a Queda, a compreensão deixou de vigorar e a vontade àquela fazia ouvidos moucos, estando ambas sujeitas ao apetite usurpador (*PP*, liv. 9, v. 1127 em diante). Quando a razão é desobedecida, "cobiçosas Paixões tomam conta" (*PP*, liv. 12, v. 88).

11. Esta desobediência do organismo humano para com o homem é sobretudo evidente na sexualidade tal como ora é, mas, não fosse pela Queda, não teria sido assim (*De Civ. Dei*, liv. 14, cap. 16-19). O que Santo Agostinho quer dizer aqui é, em si mesmo, tão evidente e ainda assim tão passível de equívocos se não exposto por inteiro que não podemos passar por alto. Ele quer dizer que os órgãos sexuais não estão de forma alguma sobre o controle *direto* da vontade. Você pode cerrar o punho sem estar com raiva, e pode ficar com raiva sem cerrar o punho; a modificação que se dá na mão a fim de se preparar para um embate é controlada *diretamente* pela vontade e apenas *indiretamente*, se é que isso ocorre, pelas paixões. Mas a modificação correspondente dos órgãos sexuais não pode ser produzida nem dispensada por mera volição.* É por isso que Milton coloca uma cena de indulgência sexual imediatamente após a Queda (*PP*, liv. 9, v. 1017-45). Ele certamente buscou um contraste entre esta e as imagens de atividade sexual não caída em 4 e 7 (v. 500-20). Contudo, ele tornou o não caído já tão voluptuoso e manteve o caído ainda tão poético que o contraste não é tão acentuado como deveria ter sido.

Espero que esta breve análise vá prevenir o leitor de levantar certas questões que, a meu ver, conduziram os críticos a becos sem saída. Não precisamos indagar "O que é a maçã?". É uma maçã. Não é uma alegoria. É uma maçã, assim como o lenço

---

* Sem dúvida, a fisiologia do Santo era superficial. Creio que a salivação involuntária da boca na presença de uma comida chamativa é um exemplo igualmente válido da desobediência de nossos membros.

de Desdêmona é um lenço.[7] Tudo depende dele, mas em si mesmo não possui qualquer importância. Também podemos dispensar aquela pergunta que tanto agitou alguns grandes críticos: "O que é a Queda?". A queda é simples e exclusivamente desobediência — fazer o que lhe foi dito para não fazer; e ela decorre do orgulho — de se achar demasiado importante, esquecer qual o seu lugar, pensar ser Deus. É isso que Santo Agostinho pensa e o que (até onde sei) a igreja sempre ensinou; é isso que Milton afirma no primeiríssimo verso do primeiro livro, é isso que todos os seus personagens reiteram e propõem variações de todos os pontos de vista possíveis ao longo do poema, como se fosse o tema de uma fuga.[8] Os argumentos de Eva em favor de comer a maçã são, em si mesmos, bastante razoáveis; a resposta a eles consiste simplesmente na advertência: "Você não deve. Foi-lhe dito para não fazê-lo". "A grande moral reinante em Milton", disse Adison, "é a mais universal e proveitosa imaginável: a de que a Obediência à vontade de Deus faz os homens felizes, e que a Desobediência os faz infelizes."[9] O Dr. Tillyard me surpreende ao chamar isso de uma "explicação um tanto vaga" (*Milton*, p. 258). Tediosa, se quiser, ou trivial, ou severa, ou insípida: mas como *vaga*? Não possui ela antes a clareza e concretude de certos ditos que nos lembramos da aurora de nossas vidas: "Engole esse choro",

---

[7] Referência ao lenço que atua como suposta prova ocular da traição de Desdêmona em *Otelo, o mouro de Veneza* (1604), uma das mais famosas tragédias shakespearianas.
[8] Forma de composição musical polifônica em contraponto imitativo, na qual o tema é repetido sucessivamente por outras vozes que vão se entrelaçando.
[9] Joseph Addison (1672–1719): poeta, ensaísta, dramaturgo e político inglês. Ao lado de Richard Steele (1671–1729), Addison fundou o importante periódico *The Spectator*, no qual publicou uma série notável de textos sobre o *Paraíso perdido* dentre os quais se encontra o trecho citado por Lewis.

Vá para a cama", "Escreva *devo obedecer* cem vezes", "Não fale de boca cheia"? Como haveremos de lidar com o fato de que grandes estudiosos modernos deixaram escapar o que é tão deslumbrantemente simples? Penso que devemos supor que a verdadeira natureza da Queda e a verdadeira moral do poema envolvem uma ideia tão desinteressante ou tão intensamente desagradável para eles que lhes foi psicologicamente necessário passar por cima dela e abafá-la. Milton, eles sentem, deve ter querido dizer algo além disso! E aqui mais uma vez a doutrina do imutável coração humano entra em jogo. Se não há Deus, então o poema de Milton, tal como interpretado por Addison, não possui qualquer relação óbvia com a vida real. É preciso, portanto, considerar a principal coisa sobre a qual Milton estava escrevendo como mero acidente histórico e se fixar em aspectos um tanto marginais ou subsidiários de sua obra, tomando-os por núcleo verdadeiro. Pois não pode haver dúvida séria de que Milton quis dizer apenas o que Addison disse: nem mais, nem menos, nem nada diverso. Se você não pode se interessar por isso, você não pode se interessar pelo *Paraíso perdido*.

E como poderíamos nos interessar por isso? De duas formas, creio eu. O decrescente número de leitores para os quais a poesia é uma paixão, sem reflexão posterior, deve simplesmente aceitar a doutrina da obediência de Milton tal como aceita as inexplicáveis proibições em *Lohengrin*, *Cinderela*, ou *Eros e Psiquê*.[10] Trata-se, afinal de contas, do mais comum dos

---

[10] No caso de *Lohengrin* (1850), ópera em três atos do compositor alemão Richard Wagner (1813–1883), um cavaleiro misterioso vem ao auxílio da protagonista Elsa para defendê-la da acusação de ter assassinado o próprio irmão, o que ele faz de bom grado, desde que ela nada lhe pergunte sobre seu nome e origem, promessa que ardis alheios a fazem quebrar. Em

temas; mesmo Pedro Coelho se dá mal porque *queria* ir ao jardim do Sr. McGregor.[11] Os leitores do tipo mais corriqueiro precisarão dar uma volta mais longa. Eles precisam tentar, por meio de um esforço de imaginação histórica, evocar toda aquela concepção hierárquica do universo à qual o poema de Milton pertence e se exercitar a sentir como se nela cressem; eles precisam abandonar o "imutável coração humano" e, em vez disso, buscar viver em meio a algumas de suas mudanças reais. A esta ideia de hierarquia, que merece um livro à parte, devotarei agora um capítulo.

Cinderela, conto de fadas de fama mundial registrado em diversas versões, a protagonista deseja muito ir a um baile real, no que é auxiliada por uma fada-madrinha, que a transforma em uma princesa e lhe confere carruagem e criados. Contudo, a magia só poderá durar até a meia-noite, o que a faz deixar o baile às pressas e esquecer lá um de seus sapatinhos de cristal. Por fim, no mito de *Eros e Psiquê*, famosamente registrado pelo escritor latino Apuleio (c. 120–c. 170-80) em *O asno de ouro*, a bela Psiquê, filha de um rei, vê-se subitamente na companhia de um homem que lhe diz ser seu marido e que a trata como a melhor das mulheres, demandando apenas uma coisa: que ela jamais lhe mire o rosto. Instigada por suas irmãs invejosas, Psiquê quebra o pacto e é abandonada pelo marido, que era na verdade Eros, filho de Afrodite, deusa do amor que, com inveja de sua beleza, armou-lhe terríveis provações das quais Eros acabará por se compadecer.

[11] Em *A história de Pedro Coelho* (1902), de Beatrix Potter, o Sr. McGregor é o dono de um jardim repleto de vegetais que atiçam o estômago do pequeno Pedro Coelho. Incapaz de se conter, o protagonista invade o jardim, é perseguido pelo Sr. McGregor e escapa por pouco.

CAPÍTULO 11

Hierarquia

A mesma concepção de uma ordem universal é também de fundamental importância no desenvolvimento religioso da Índia e da Pérsia. Ela aparece no Rigveda [...] com o nome de Rta ou Rita. A palavra é geralmente traduzida por Ordem ou Direito, mas é difícil encontrar qualquer equivalente para ela em inglês moderno por se tratar de um termo simultaneamente cósmico, ritual e moral.

Dawson, *Progresso e religião*, cap. 6[1]

Nem pode vosso valor costumeiro ser vertido em tal baixeza, a ponto de em vez de um Príncipe entregue a vós por tantos régios ancestrais, assumir o jugo tirânico de vosso súdito irmão.

Sidney, *Arcádia*, vol. 2, cap. 28[2]

---

[1] Christopher Dawson (1889–1970): pesquisador católico independente e autor de diversos livros de história cultural, com ênfase nas relações entre cultura e cristianismo, dentre os quais se destacam *Progresso e religião: Uma investigação histórica* (1929) e *A criação do ocidente: A religião e a civilização medieval* (1950).
[2] Trecho da obra *The Countess of Pemborke's Arcadia* (1590), longo romance pastoril em prosa de Sir Philip Sidney (1554–1586), poeta e soldado inglês.

Hierarquia

Johnson queixou-se de que Milton pensava que os homens foram feitos somente para se rebelar, e as mulheres, para obedecer. Outros presumiram que, uma vez que se rebelou contra a monarquia dos Stuarts, ele também deve ter se rebelado contra a monarquia de Deus e secretamente se filiado ao partido do diabo. No mínimo, sentia-se a existência de um inquietante contraste entre republicanismo para a terra e monarquismo para o céu. Penso que todas as opiniões deste tipo são falsas e demonstram uma profunda incompreensão do pensamento central de Milton.

Tal pensamento não é peculiar a Milton. Ele pertence à antiga tradição ortodoxa da ética europeia, de Aristóteles a Johnson, e não a compreender acarreta uma crítica falsa não apenas do *Paraíso perdido*, mas de quase toda a literatura anterior ao período revolucionário. Ela pode ser chamada de concepção hierárquica. De acordo com ela, gradações de valor encontram-se objetivamente presentes no universo. Tudo exceto Deus possui algum superior natural; tudo exceto a matéria informe possui algum inferior natural. A bondade, a felicidade e a dignidade de cada ser consistem em obedecer ao seu superior natural e comandar seus inferiores naturais. Quando qualquer uma das partes dessa dúplice tarefa falha, moléstia ou monstruosidade surgem no esquema das coisas, até que o ser pecante seja destruído ou punido. Uma das duas coisas certamente enfrentará; pois, ao sair do seu lugar no sistema (seja para galgar um degrau acima como um anjo rebelde, ou descer um abaixo como um marido excessivamente dependente), fez-se da própria natureza das coisas sua inimiga. O êxito está fora de questão.

Aristóteles nos diz que dominar e ser dominado está de acordo com a natureza. A alma é a governante natural do corpo; o masculino, do feminino; a razão, da paixão.

A escravidão é justificada porque alguns homens são para outros homens o que as almas são para os corpos (*Política*, livro 1, cap. 5). Não devemos, contudo, supor que o governo do senhor sobre o escravo, ou da alma sobre o corpo, é o único tipo de governo: há tantos tipos de governo quanto há tipos de superioridade ou inferioridade. Assim, um homem deve governar seus escravos despoticamente; seus filhos, monarquicamente; e sua esposa, politicamente — a alma deve ser a déspota do corpo, mas a razão, a monarca constitucional da paixão (*Pol.*, liv. 1, cap. 5, 12). A justiça ou injustiça de cada instância específica de governo depende inteiramente da natureza das partes, e não de qualquer contrato social. Onde os cidadãos são verdadeiramente iguais, eles então devem viver em uma república, na qual todos dominam alternadamente (*Pol.*, liv. 1, cap. 12; liv. 2, cap. 2). Se eles não são verdadeiramente iguais então a forma republicana torna-se injusta (*Pol.*, liv. 3, cap. 13). A diferença entre um rei e um tirano não depende exclusivamente do fato de que um governa com brandura e o outro com severidade. Um rei é alguém que governa seus inferiores verdadeiros, naturais. Aquele que governa permanentemente, sem sucessor, sobre os seus iguais por natureza é um tirano — mesmo (presumivelmente) que governe bem. Ele é desmesurado (*Pol.*, liv. 3, cap. 16, 17; liv. 4, cap. 10). Justiça quer dizer igualdade entre iguais, e desigualdade entre desiguais (*Pol.*, liv. 3, cap. 9). O tipo de pergunta que ora fazemos — se democracia ou ditadura é a melhor constituição — soaria disparatada para Aristóteles. Ele perguntaria: "Democracia *para quem*?"; "Ditadura *para quem*?".

Aristóteles pensava sobretudo na sociedade civil. As aplicações da concepção hierárquica à vida privada ou cósmica devem ser buscadas em outros escritores. Quando

Hierarquia

Donne diz "teu amor há de ser do meu a esfera",³ ele tem por pano de fundo a hierarquia cósmica dos teólogos platônicos, especialmente, penso, a de Abrabanel.⁴ Cada ser é um condutor de amor superior ou *ágape* para o ser abaixo de si, e de amor inferior ou *eros* para o ser acima de si. Eis a amável desigualdade entre a inteligência que conduz uma esfera e a esfera que é conduzida.* Não se trata de metáfora. Para o pensador renascentista, não menos, mas mais do que para o escolástico, o universo era cumulado e fervilhante de vida antropomórfica; sua verdadeira imagem há de ser encontrada nos elaborados frontispícios de velhos fólios, onde os ventos sopram nos cantos e golfinhos esguicham na parte inferior, e o olho se move para cima através de cidades, reis e anjos até quatro letras hebraicas que dardejam raios no topo, letras que representam o inefável nome.⁵ Portanto estamos apenas no limiar da metáfora quando o Artegall⁶ de Spenser reprova o gigante nivelador ao lhe dizer que todas as coisas foram criadas "em graciosa medida" e "e conhecem seu limite certo", de modo que as colinas não "desdenham" dos vales, nem os vales "invejam" as colinas — em virtude da mesma grande autoridade que faz com que reis comandem

---

³ Verso do poema "Air and Angels" [Ar e anjos], de John Donne (1572–1631), poeta inglês.
⁴ Isaac ben Judah ou Yitzchak ben Yehuda Abravanel (1437–1508): nascido em Portugal, estadista, filósofo e comentador judeu da Bíblia.
* Abrabanel, *Dialoghi d'Amore*. Trad. de Friedeburg-Seeley e Barnes com o título de *Philosophy of Love by Leone Ebreo*. Londres: Soncino Press, 1937, p. 183.
⁵ O nome próprio e inefável de Deus, representado pelo tetragrama YHWH e revelado a Moisés em Êxodo 3:13-15.
⁶ Personagem de *The Faerie Queene* que traz no próprio nome afrancesado o sentido de "igualdade", Artegall é o herói do livro quinto da obra, dedicado ao tema da justiça.

e súditos obedeçam. Para Spenser, trata-se de algo além de uma analogia fantasiosa. A hierarquia social possui a mesma origem da cósmica, sendo na verdade a impressão do mesmo sinete sobre um tipo diverso de cera.

A maior afirmação da concepção hierárquica em sua dupla referência à vida civil e cósmica é, talvez, o discurso de Ulisses em *Troilus e Créssida* de Shakespeare. Sua especial importância encontra-se na clara afirmação de uma alternativa à hierarquia. Se o "grau" for removido, "tudo se dissolve em mera discórdia", a "força" imperará, todas as coisas desejarão "assenhorar-se do poder".[7] Em outras palavras, a ideia moderna de que podemos escolher entre hierarquia e igualdade é, para o Ulisses shakespeariano, mero disparate. A verdadeira alternativa é a tirania; se não aceitar a autoridade, você se verá obedecendo à força bruta.

A hierarquia é um dos temas favoritos de Shakespeare. A recusa em aceitar a noção de autoridade natural do poeta torna *A megera domada* um disparate, por exemplo. Ela incita o Poeta Laureado[8] a descrever o discurso de submissão de Catarina como "patetice melancólica". Ela incita os produtores modernos a fazer com que Catarina dê a entender ao público que sua submissão é tática ou irônica. Não há qualquer vestígio disso nos versos que Shakespeare lhe atribuiu. Se indagarmos o que a submissão de Catarina pressagia, penso que Shakespeare nos deu sua resposta através dos lábios de Petrúquio: "Casar, paz advém, e amor e quietude/ Temente

---

[7] *Troilus e Créssida*, ato 1, cena 3, v. 110-20.
[8] No caso, John Masefield (1878–1967): poeta laureado do Reino Unido entre 1930 e 1967. O poeta laureado era nomeado pelo governo e deveria compor poemas referentes a eventos e ações levadas a cabo pelo Estado que lhe conferira a distinção. O comentário de Masefield sobre Catarina encontra-se no livro *William Shakespeare* (1911).

regra e justa primazia/ E, em suma, só o que é doce e feliz".[9] As palavras, tomadas assim em seu valor nominal, são muito alarmantes para o público moderno; mas aqueles incapazes de encarar tais alarmas não devem ler livros antigos. Se o poeta não quisesse que nos regozijássemos com a retificação de Catarina, ele a teria feito uma personagem mais amável. Ele certamente não teria se esforçado para nos mostrar, debaixo da máscara do seu pretenso ódio pelos homens, os ciumentos maus-tratos que dispensa à irmã. Nem faltam evidências de outras peças para provar que Shakespeare aceitava a doutrina da "justa primazia" em toda a sua extensão. O "teimoso arbítrio" (das mulheres em relação aos homens) "é por mágoa punido", como aprendemos em *A comédia dos erros*.[10] Quanto a um pai, uma criança é "mera forma em cera", diz Teseu.[11] Uma criança tentando argumentar com um pai — e tal pai, o sábio Próspero — recebe unicamente por resposta, "Quê? Digo/ Meu pé meu tutor?".[12] Mesmo *Rei Lear* é vista em luz errônea se não formos além das concessões modernas sobre autoridade parental e régia. Mesmo *Macbeth* torna-se mais inteligível se compreendermos que a dominação da esposa sobre o marido é um "regimento monstruoso".[13] Parece-me além de qualquer

---

[9] *A megera domada*, ato 5, cena 2, v. 120-2.
[10] Ato 2, cena 1, v. 15.
[11] *Sonho de uma noite de verão*, ato 1, cena 1, v. 50.
[12] *A tempestade*, ato 1, cena 2, v. 548-9.
[13] Lewis parece se referir aqui ao livro *The First Blast of the Trumpet against the Monstrous Regiment of Women* [O primeiro toque de clarim contra o regimento monstruoso das mulheres] (1558), do destacado reformador protestante escocês John Knox (1514–1572). Trata-se de um ataque franco e intransigente contra a governança feminina, que, para Knox, feriria a autoridade divinamente instituída do homem sobre a mulher. De modo mais específico, o libelo é direcionado contra três rainhas católicas então instituídas no poder: Maria I da Inglaterra (1516–1558), Maria de Guise

dúvida que Shakespeare concordava com Montaigne que "obedecer é a ocupação propícia de uma alma racional".[14]

Ora, uma vez aprendida a concepção da hierarquia, veremos que a ordem pode ser destruída de duas formas: (1) ao governar ou obedecer iguais por natureza, isto é, por tirania ou servilidade; (2) ao não obedecer um superior natural ou não governar um inferior natural, isto é, por rebelião ou remissão. E estas, sejam ou não monstruosidades de igual culpabilidade, são igualmente monstruosidades. A ideia, portanto, de que há qualquer inconsistência lógica, ou mesmo qualquer desarmonia emocional, ao asseverar a monarquia de Deus e rejeitar a monarquia de Carlos II[15] é uma confusão. Devemos primeiro inquirir se Carlos II é ou não nosso superior natural. Pois se ele não for, rebelar-se contra ele não implicaria qualquer afastamento do princípio hierárquico, mas uma asseveração dele; devemos obedecer a Deus e desobedecer a Carlos por uma única e mesma razão — assim como um homem moderno pode obedecer à lei e se recusar a obedecer a um gângster por uma única e mesma razão. E para que mesmo uma verdade tão óbvia como esta não se furte aos seus leitores, Milton a explicitou em duas passagens contrastantes.

A primeira delas é o debate entre Satã e Abdiel no livro 5. Ambas as partes são bem versadas em Aristóteles, mas a

---

(1515–1560), esposa do rei Jaime V da Escócia e mãe da terceira, Maria da Escócia (1542–1587).

[14] Trecho de "Apologia de Raymond Sebond", que integra o livro segundo dos *Ensaios* (1580), do filósofo e escritor francês Michel Eyquem de Montaigne (1533–1592), autor basicamente de uma única obra, à qual se dedicou por longos anos, fundando um novo gênero (o ensaio) e exercendo grande influência desde seus contemporâneos (como Shakespeare) até o presente.

[15] Rei inglês contemporâneo de Milton que efetivou a restauração monárquica após o Interregno (1649–1660), governando entre 1660 e 1685.

questão é que Satã está errado sobre os fatos. Seu argumento se vê atravancado pelo fato de que ele deseja particularmente evitar igualdade entre os de sua própria facção e, portanto, precisa virar de lado um instante para explicar (v. 789 em diante) que "Ordens e Graus/ Não minam a liberdade". Ele não explicita muito o assunto, *et pour cause*.[16] A passagem é uma daquelas onde (de forma correta e em verdade inevitável) se admite um elemento de comédia sinistra. A argumentação principal de Satã, porém, é clara. Ele sustenta que a vice-regência do Filho é uma tirania em sentido aristotélico. Não é razoável "anuir/ à monarquia sobre os por direito/ Seus iguais" (v. 795-6). A réplica de Abdiel é dúplice. Em primeiro lugar, ele nega a Satã o direito de sequer criticar as ações de Deus, uma vez que Deus é seu criador. Como criador, ele possui um direito supraparental de fazer o que quiser sem questionamento — "meu pé meu tutor?". Em segundo lugar, aceitando a definição de tirania dada por Satã, desmente-lhe os *fatos*; o Filho não partilha da mesma natureza dos anjos e foi, na verdade, o instrumento por meio do qual eles foram criados. Evidentemente, se ele *não* é seu igual por natureza, "poder insucessível" (v. 821) de sua parte (a palavra *insucessível* conecta a passagem com Aristóteles) não seria tirania, mas justo comando. E isto é tão óbvio que Satã, ao tentar responder, vê-se reduzido à teoria ridícula e incoerente de que os anjos foram "autogerados" com a bondosa assistência de uma quimera chamada "curso fatal" (v. 860-1).

A outra passagem ocorre no início do livro 12. Ficamos lá sabendo como a monarquia humana surgiu. Alguém de "ávido coração" — ou seja, alguém incorrendo no mesmíssimo pecado de Satã — tornou-se descontente com a

---

[16] Em francês no original: "e não sem motivo".

igualdade fraternal que deveria prevalecer entre iguais por natureza. Ao rejeitá-la, ele estava se rebelando contra a "lei da natureza". Seu "império" era portanto "tirânico", e sua alegação de direito divino ("Requerendo do Céu segundo mando"), ilegítima. Pois, como aponta Adão, "paternalmente ofendido", asseverando por meio daquela ofensa *paternal* o verdadeiro princípio hierárquico no mesmíssimo instante em que condena uma violação tirânica dele, "domínio absoluto" foi concedido ao homem em geral sobre o animal em geral, não a um homem sobre outros homens (liv. 12, v. 24-71).

A rebelião de Satã e a tirania de um Ninrode[17] ou de um Carlos estão erradas pelo mesmo motivo. Tirania, o domínio sobre iguais como se fossem inferiores, é rebelião. Da mesma forma, como percebeu o Ulisses shakespeariano, rebelião é tirania. Todo o ódio de Milton pela tirania está expresso no poema: mas o tirano tomado por alvo de nossas execrações não é Deus. É Satã. Ele é o *sultão* — um nome odioso a todos os europeus da época de Milton, tanto como homens livres quanto como cristãos. Ele é o *chefe*, o *general*, o *grande comandante*. Ele é o príncipe maquiavélico que desculpa seu "realismo político" pela "necessidade,/ O apelo do tirano".[18] Sua rebelião tem início com uma fala sobre liberdade, mas logo passa para "o que mais ansiamos/ Honra, domínio, glória e renome" (liv. 6, v. 421-2). O mesmo processo se passa com Eva. Mal ela engoliu o fruto e já deseja ser "mais igual" a Adão; e mal disse a palavra "igual", ela já a corrige por "superior" (liv. 9, v. 823-5).

Alguns podem dizer que embora asserção da monarquia divina feita por Milton seja, desse modo, logicamente compatível com o seu republicanismo; a lógica, contudo, é insuficiente.

---

[17] Rei bíblico cuja história é relatada em Gênesis 10.
[18] *Paraíso perdido*, livro 4, v. 393-4.

Hierarquia

Eles detectam uma desarmonia emocional no poema: a despeito do que possa *dizer*, na opinião deles o poeta não *sente* as reivindicações de autoridade como sente as de liberdade. O que conta é nossa experiência real ao ler o poema — não construções lógicas que podemos fazer sobre ele. Mas então nossa experiência passa a depender não só do poema, como das preconcepções que trazemos conosco ao lê-lo. Não causaria surpresa se nós, mormente educados em ideias igualitárias e mesmo antinomistas,[19] chegássemos ao poema com a mente predisposta em favor de Satã contra Deus e de Eva contra Adão, e então projetássemos no poeta uma simpatia para com aquelas predisposições que não estão verdadeiramente lá.

Creio que isso ocorreu, mas há uma distinção a ser feita. Uma coisa é dizer que Milton fracassou em aplicar a ideia hierárquica a si mesmo, e outra bem diversa é dizer que sua crença nela era superficial. Não somos "tão grosseiramente ignorantes acerca da natureza humana a ponto de não sabermos que o preceito pode ser muito sincero enquanto a prática é muito imperfeita".[20] Estou disposto a admitir que o próprio Milton provavelmente falhou nas virtudes da obediência e da humildade; e se tudo o que você quer dizer com uma desarmonia no poema é meramente que o poeta pensava melhor do que vivia e que amava virtudes mais elevadas do

---

[19] Ideias associadas à doutrina luterana do reformador protestante alemão Johannes Agricola (1494–1566), que apregoa a supremacia da fé e da graça divina em relação à lei moral no sentido de que aquelas tornam esta dispensável para a salvação.
[20] Parece se tratar de uma citação modificada de uma fala de Samuel Johnson registrada por James Boswell em seu livro *The Life of Johnson* [A vida de Johnson] (Oxford University Press, 1953, p. 1396). No livro, lemos: "Seria o senhor tão grosseiramente ignorante acerca da natureza humana a ponto de não saber que um homem pode ser muito sincero quanto a bons princípios sem possuir boa prática?".

que logrou alcançar, então o poema encontra-se dividido. Mas se você quer dizer que ele respeitava apenas da boca para fora o princípio da subordinação, e que os ditames de sua consciência superficial e convencional eram, nesse assunto, opostos aos impulsos mais profundos do seu coração, então terei de discordar. A ideia hierárquica não está simplesmente atada ao poema dele em lugares onde a doutrina a exige: é a vida interior que anima a obra inteira, espumando e brotando para fora dela a cada instante.

Ele retrata a vida de beatitude como marcada pela ordem — uma dança intrincada, tão intrincada que parece irregular precisamente onde sua regularidade é mais elaborada (liv. 5, v. 620). Ele retrata todo o seu universo como um universo de gradações, da raiz ao caule, do caule à flor, da flor ao aroma, do fruto à razão humana (liv. 5, v. 480). Ele se delicia com o cerimonioso intercâmbio de cortesias desiguais, com condescendência (uma bela palavra que arruinamos) de um lado e reverência do outro. Ele nos mostra o Pai "com raios diretos" fulgurando plenos sobre o Filho, e o Filho "curvando-se sobre o cetro" enquanto ele se ergue (liv. 6, v. 719, 746); ou Adão "impávido", mas "em funda mesura", diante da "superior Natura" quando vai ao encontro do arcanjo, e o anjo, inflexível mas gracioso, proferindo seus discursos de saudação ao par humano (liv. 5, v. 359-90); ou as cortesias de anjos inferiores aos superiores como "no Céu há vezo/ E de honra e vênia lá ninguém descura" (liv. 3, v. 737-8); ou Adão sorrindo com "amor superno" para os "encantos submissos" de Eva, feito o grande pai-céu sorrindo para a mãe-terra (liv. 4, v. 497-500); ou os animais, dóceis ao chamado de Eva como ao de Circe[21] (liv. 9, v. 521-2).

---

[21] Poderosa deusa feiticeira que, no canto 10 da *Odisseia*, transformou em porcos a tripulação de Odisseu.

Hierarquia

A significância de tudo isso me parece bastante clara. Não se trata da obra de um homem que abraça com relutância o princípio hierárquico, mas antes de um homem encantado com ele. Não há qualquer surpresa nisso. Quase tudo o que se sabe sobre Milton nos prepara para tal encantamento e certifica que a hierarquia terá apelo sobre sua imaginação assim como sobre sua consciência, e que irá talvez alcançar sua consciência sobretudo por meio da imaginação. Ele é um homem asseado, delicado, "a dama do Christ";[22] um homem meticuloso, que caminha ritmadamente por jardins *podados*. Ele é um gramático, um espadachim, um músico com predileção pela fuga. Tudo com o que se importa verdadeiramente demanda ordem, proporção, medida e controle. Em poesia, considera o *decorum* a grande obra-prima. Na política, é aquele dentre todos que menos aparenta ser um democrata — um republicano aristocrático que pensa não haver "nada mais agradável à ordem da natureza ou mais afeito ao interesse da humanidade do que o inferior ceder ao superior, não em números, mas em sabedoria e virtude" ("Defensio Secunda", trad. de Bohn. *Prose Works*, vol. 1, p. 256).[23] E, alçando-se muito além da região da política, escreve: "E certamente a

---

[22] Apelido possivelmente dado a Milton quando frequentou o Christ College na Universidade de Cambridge por conta do seu rosto e figura juvenis e delicados.

[23] A "Defensio Segunda" [Segunda defesa] é um panfleto de 1654 escrito em latim no qual Milton responde à obra *Regii Sanguininis Clamor* [Clamor do sangue real], escrita anonimamente pelo clérigo franco-inglês Peter du Moulin (1601–1684) e que, em seu viés monarquista, defendia a causa do francês Claudius Salmasius (1588–1653) contra os regicidas ingleses e atacava Milton, também alvo do texto de Moulin. Milton, porém, supôs que o autor do *Clamor* fosse o pregador franco-escocês Alexander More (1616–1670), amigo de Salmasius, e dirigiu seus ataques na "Defensio Secunda" contra ele, sem jamais reconhecer o equívoco.

Prefácio ao Paraíso perdido

Disciplina não é apenas a eliminação da desordem; mas, se qualquer forma visível puder ser dada às coisas divinas, a própria forma visível e imagem da virtude, por meio da qual ela não é vista apenas nos gestos e movimentos regulares dos seus passos celestes quando caminha, mas também torna a harmonia de sua voz audível para ouvidos mortais. Sim, e os próprios anjos, nos quais não se teme qualquer desordem, como descreve o apóstolo que os viu em seu êxtase, são diferenciados e divididos em grupos de quatro em seus principados e satrapias celestiais, conforme escreveu o próprio Deus em seus decretos imperiais nas grandes províncias do céu. Também o estado dos beatos no paraíso, embora jamais tão perfeito, não é portanto deixado sem disciplina, cujo caniço dourado de medição assinala e esquadrinha cada quadra e contorno de Nova Jerusalém". Notem bem o motivo. Não porque mesmo as almas salvas ainda serão finitas; nem porque a remoção da disciplina é um tipo de privilégio muito elevado para criaturas. Não; haverá disciplina no céu "para que nossa felicidade possa orbitar a si mesma em mil deambulações de glória e deleite, e com um tipo excêntrico de equação, ser, por assim dizer, um invariável planeta de júbilo e regozijo" ("Reason of Church Government", livro 1, cap. 1, trad. de Bohn. *Prose Works*, vol. 2, p. 442). Em outras palavras, para que possamos ser "regulares quando mais irregulares parecermos". Aqueles que consideram essa concepção sem sentido não devem perder tempo tentando apreciar Milton. Pois este talvez seja o paradoxo central de sua visão. A disciplina, em um mundo ainda não caído, existe em razão do que parece ser seu próprio oposto — em razão da liberdade, quase da extravagância.

O padrão profundamente escondido na dança, escondido tão profundamente que os espectadores rasos não podem vê-lo, confere por si mesmo beleza aos gestos ferozes e livres que o preenchem, assim como a norma decassilábica confere beleza a todas as licenças e variações do verso do poeta. A alma ditosa é, como um planeta, uma estrela *errante*; contudo, é, naquela mesma errância (como ensina a astronomia), invariável; é excêntrica para além de qualquer previsão, contudo equável em sua excentricidade. O gracejo celeste surge de uma orquestra afinada; as regras de cortesia tornam possível tranquilidade e liberdade perfeitas entre aqueles que as obedecem. Sem o pecado, o universo é um jogo solene; e não há bom jogo sem regras. E como esta passagem deveria resolver de uma vez por todas a questão de saber se Milton amava em seu íntimo o princípio da obediência, as pessoas também deveriam deixar de lado aquela querela imaginária entre o ético e o poético que os modernos projetam com lamentável frequência nos grandes poetas. Não há qualquer distinção aqui. O homem por inteiro é incendiado por sua visão da "forma da virtude". Se não tivermos isto em mente, não compreenderemos nem o *Comus* ou o *Paraíso perdido*, nem a *Faerie Queene* ou a *Arcadia*, nem a própria *Divina comédia*. Estaremos sob constante risco de supor que o poeta estava inculcando uma regra, quando na verdade se achava enamorado da perfeição.

CAPÍTULO | 12

A *teologia* do Paraíso perdido*

Depuseram contra mim coisas que eu não sabia.

Salmos 35:11

Na medida em que o *Paraíso perdido* é agostiniano e hierárquico ele é igualmente católico no sentido de que sua poesia é baseada em concepções defendidas "sempre e em toda parte e por todos".[1] Esta qualidade católica é tão predominante que é a primeira impressão que qualquer leitor não enviesado teria. Existem elementos heréticos na obra, discerníveis, contudo, apenas se os procurarmos: qualquer

---

*Sobre este assunto, o leitor deve consultar o admirável estudo do Prof. Sewell, *Study in Milton's Christian Doctrine* [Estudo sobre a doutrina cristã de Milton]. Registrar todas as concordâncias e discordâncias menores entre a visão do Prof. Sewell e a minha demandaria mais notas de rodapé do que o modesto escopo do presente capítulo permite.

[1] Alusão ao critério doutrinário "*quod semper, quod ubique, quod ab omnibus*" formulado por São Vicente de Lérins (século 5) em seu tratado "*Commonitorium*" [Memento] (c. 434).

A teologia do Paraíso perdido

crítica que forçosamente os coloca em primeiro plano está equivocada e ignora o fato de que este poema foi aceito como ortodoxo por muitas gerações de leitores perspicazes bem versados em teologia.

Os estudos sobre Milton possuem uma grande dívida com o Prof. Saurat,[2] mas creio que, movido pelo entusiasmo característico de um pioneiro, ele levou sua leitura longe demais. Ele nos diz que "o Deus de Milton está distante do Deus da crença popular ou mesmo da teologia ortodoxa. Ele não é um Criador externo à Sua criação, mas um Ser completo e perfeito que abarca em Si mesmo todo o espaço e todo o tempo" (p. 113); "[...] a matéria é uma parte de Deus" (p. 114); "*Paraíso perdido* identifica Deus com o abismo primitivo e infinito" (p. 115). Ele "não se manifesta de forma alguma: assim que a ação tem lugar no mundo, Milton fala do Filho e não mais de Deus" (p. 117); sua "unidade é incompatível [...] com a Trindade" (p. 116); a "criação do Filho ocorreu em um único dia específico" (p. 119); e ele é "a manifestação exclusiva do Pai" (p. 120), que permanece "absolutamente incognoscível" (p. 121). Por meio da criação, Deus "intensificou Sua própria existência, alçando à glória Suas partes boas, deitando fora [...] suas partes más [...] a fim de expulsar o mal latente no Infinito" (p. 133). A Urânia de Milton é um ser chamado no *Zohar*[3] (uma compilação judaica do século 13) de a Terceira Sefirá, e Milton atribui "um caráter sexual" (acompanhado, ao que parece, por incesto) a "atos dentro do seio da divindade" (p. 291). Quando

---

[2] Ver nota 15 do capítulo 9.
[3] Obra fundamental do pensamento místico judaico vinculado à Cabala, composta de uma série de comentários de orientação mística sobre os primeiros livros da Bíblia Hebraica, conhecidos como Torá ou Pentateuco.

diz que Deus é luz, Milton está pensando em *De Macrocosmi Historia*, de Robert Fludd (p. 303).[4]

Não está de todo claro para mim quantas destas doutrinas o Prof. Saurat considera afastadas da "crença popular" ou da "teologia ortodoxa". Se uma crítica à sua obra fosse meu objetivo principal, eu certamente deveria me esforçar para dirimir tal dúvida. Para o nosso propósito atual, no entanto, será possível colocar de lado aquela pergunta e, simplesmente para nossa própria conveniência, dividir as doutrinas mencionadas pelo Prof. Saurat em quatro grupos: (1) aquelas que realmente aparecem no *Paraíso perdido*, mas que, longe de serem heréticas, são os lugares-comuns da teologia cristã; (2) aquelas que são heréticas, mas não aparecem em Milton; (3) aquelas que são heréticas e aparecem em *De Doctrina*,[5] de Milton, mas não no *Paraíso perdido*; (4) aquelas que são possivelmente heréticas e que de fato aparecem no *Paraíso perdido*.

1. Aquelas que aparecem no *Paraíso perdido*, mas não são heréticas.

(a) Que o Pai, incognoscível, não se manifeste, sendo o Filho a manifestação exclusiva dele. Isto certamente se encontra no poema, e o Prof. Saurat cita corretamente o livro 3, v. 384 em diante, onde ficamos sabendo que o Pai

---

[4] Robert Fludd (1574–1637): destacado médico, astrólogo, matemático e cosmólogo inglês com interesses tanto científicos quanto ocultistas, além de autor, entre outros, de *De Macrocosmi Historia* [A história do macrocosmo] (1618).

[5] *De Doctrina Christiana* [Sobre a doutrina cristã]: tratado teológico em escrito em latim descoberto apenas em 1823 em meio a um conjunto de documentos estatais da época em que Milton integrou o governo de Oliver Cromwell, sendo publicado em 1825. O descompasso (herético para alguns) entre certas ideias do tratado e outros escritos de Milton levantou suspeitas sobre sua autoria que hoje parecem estar em grande medida apaziguadas.

"que a vista ofusca a outras criaturas" torna-se "visível" no Filho. Isto apenas prova que Milton leu em São Paulo que Cristo "é a imagem do Deus invisível" (Colossenses 1:15), que Deus é "aquele que tem, ele só, a imortalidade, e habita na luz inacessível; a quem nenhum dos homens viu nem pode ver" (1Timóteo 6:16).

(b) "Assim que a ação tem lugar no mundo, Milton fala do Filho e não mais de Deus." Na medida em que é verdade, isso quer dizer que o Filho é o agente da criação. Tal doutrina Milton aprendeu em São João ("[Cristo] estava no mundo, e o mundo foi feito por ele" — João 1:10); em São Paulo ("porque nele foram criadas todas as coisas [...] visíveis e invisíveis", Colossenses 1:16); e do Credo Niceno.[6]

(c) "Deus é luz" (*PP*., liv. 3, v. 3). Toda criança instruída da época de Milton teria reconhecido a citação da primeira epístola de São João (João 1:5).

2. Aquelas que são heréticas, mas não aparecem em Milton.

(a) A doutrina do mal latente em Deus. A única base para isso é *PP*., liv. 5, v. 117-9, no qual Adão diz a Eva que o mal "na mente de Deus ou do homem" pode "ir e vir" sem aprovação e "sem deixar marca ou culpa". Uma vez que todo o propósito da observação de Adão é de que apenas a aprovação da vontade torna a mente má e que a presença do mal como um objeto de reflexão não o faz — e uma vez que nosso próprio senso comum nos diz que não nos tornamos mais maus por pensar na maldade do que nos tornamos triangulares por

---

[6] Profissão de fé adotada no Primeiro Concílio Ecumênico ocorrido em Niceia, Bitínia, no ano 325. O nome também se refere ao Credo Niceno--Constantinopolitano, visto como uma espécie de revisão daquele feita 381 e que integra a liturgia das Igrejas católica e ortodoxa e em boa parte das protestantes. Lewis possivelmente pensa aqui na passagem que diz "pelo qual [Jesus Cristo] todas as coisas foram feitas".

pensar em triângulos —, esta passagem é de todo inadequada para reforçar a espantosa doutrina atribuída a Milton. Não é nem mesmo certo de que "Deus" queria dizer mais do que "um deus" (pois os anjos são chamados *Deuses*, com letra maiúscula, no liv. 3, v. 341).[7]

(b) O caráter sexual dos atos "no seio da Divindade". Não vejo evidência alguma de que Milton acreditava em qualquer coisa do tipo. A doutrina do Prof. Saurat se baseia em conferir uma conotação sexual ao termo *play* [brincar] em *PP.*, liv. 7, v. 10 e em uma passagem do "Tetrachordon".* Sem dúvida, Milton pode ter pensado — embora talvez fale menos sobre isso do que qualquer outro poeta cristão — que o amor sexual fornecia uma analogia, ou mesmo um verdadeiro antítipo, para o amor divino e celeste. Se assim for, ele estava a seguir

---

[7] Não parece ser o caso das edições atuais consultadas, mas sim o da edição utilizada por Lewis (que não indica qual é), que tende a usar letras maiúsculas em vários substantivos.

*"Tetrachordon", *Prose Works*. Bohn, vol. 3, p. 331. O Prof. Saurat considera que a doutrina da sexualidade na vida divina provê o "sentido" desta passagem "terrível". Curiosamente, Milton está de fato argumentando em defesa do elemento *não sexual* no matrimônio humano! Seu argumento é que (*a*) Santo Agostinho estava errado em pensar que o único propósito de Deus ao dar a Adão uma companhia feminina, e não masculina, era a cópula. Pois (*b*) há um "conforto particular" na associação de homem e mulher "*além*" (i.e., em acréscimo, afora) do leito marital"; e (*c*) sabemos por meio das Escrituras que algo análogo ao "brincar" ou "afrouxar as cordas" ocorre mesmo em Deus. Eis o motivo pelo qual o "Cântico dos Cânticos" descreve "êxtases mil [...] *imersos no júbilo carnal do lado de cá*". Se o "caráter sexual" dos atos divinos proposto pelo Prof. Saurat for tomado literalmente, a passagem no "Tetrachordon" me parece estar antes contra ele do que a favor dele; se ela quer dizer simplesmente "sexual" no sentido de que qualquer relação entre os sexos, capaz de prover um "afrouxamento" ou "esvaziamento" das tensões da sociedade masculina, é sexual, então a "terrível" passagem vem a ser algo que não espantaria nenhum vicariato do século 19.

o que diz São Paulo sobre o matrimônio (Efésios 5:23 em diante), São João sobre a noiva (Apocalipse 21:2), diversas passagens do Antigo Testamento e um vasto rol de poetas místicos medievais.

(c) "Deus é [...] Ser completo que abarca em Si mesmo todo o tempo." Como reforço, o Prof. Saurat cita o trecho de *De Doctrina* que diz que Deus "sabe de antemão os pensamentos e ações dos agentes livres [...] a presciência de Deus não é nada senão a sabedoria de Deus ou a aquela ideia que ele tinha de tudo antes de ordenar qualquer coisa". Isto não vem nada a propósito. Jamais ouvi qualquer cristão, unitarista, judeu, maometano ou teísta professar algo distinto disso. Se tal doutrina de presciência implicava que Deus contém em si todo o tempo (a despeito do que isso possa significar), a implicação não seria, portanto, herética, mas comum a todos os teístas. Mas não vejo qualquer consequência do tipo. O Prof. Saurat também cita *PP.*, liv. 7, v. 154-5 ("em um instante criarei/ Outro Mundo") e v. 176 ("Contíguos são de Deus os atos" etc.). Estas passagens querem dizer que os atos divinos não se encontram de fato no tempo, embora sejamos compelidos a imaginá-los como se estivessem — uma doutrina que o leitor pode estudar em Boécio[8] (*De Consolatione Philosophiae*, livro 5, prosa 6), Santo Agostinho *(De Civ. Dei*, liv. 11, cap. 6, 21) ou Thomas Browne (*Religio Medici*, parte 1, seção 11). Como isso deveria implicar que Deus "abarca todo o tempo", exceto no sentido de que Shakespeare abarca (i.e., ordena enquanto nele não adentra) o tempo dramático de

---

[8] Anício Mânlio Torquato Sverino Boécio (c. 480-524): filósofo, teólogo e estadista romano de grande influência na filosofia cristã medieval, sobretudo por conta de sua obra *A consolação da filosofia,* escrita já no fim de sua vida quando se achava encarcerado aguardando execução.

Hamlet, eu não faço ideia. Certamente não se trata de algo herético. A questão sobre o espaço é mais difícil e será abordada a seguir.

3. Aquelas que são heréticas e aparecem em *De Doctrina*, mas não no *Paraíso perdido*.

Somente uma doutrina cabe nesta classificação. Milton era um ariano; isto é, não acreditava na coeternidade e igual divindade das três pessoas da trindade. Milton é um escritor honesto. Após despender os capítulos 2 a 4 do livro primeiro de *De Doctrina* acerca de Deus, ele começa o capítulo 5 "acerca do Filho" com observações preliminares que deixam claro que ele *então* principia a dizer algo heterodoxo, com a implicação de que estivera até aquele momento asseverando crenças comuns. Seu arianismo, no que aqui nos diz respeito, é asseverado pelas palavras: "Todas estas passagens provam a existência do Filho antes da criação do mundo, mas nada concluem acerca de Sua geração por toda a eternidade". O Prof. Saurat sugere que esta heresia aparece em *PP.*, liv. 5, v. 603-4, quando o Pai anuncia aos anjos: "Hoje gerei quem eu declaro ser/ Meu unigênito". Ora, se tomados literalmente, os versos dizem que o Filho foi criado depois dos anjos. Isto, porém, é impossível no *Paraíso perdido*. Aprendemos no livro 3, v. 390, que Deus *criou* os anjos pela ação do Filho, e Abdiel refuta Satã ao fazer a mesma asserção no livro 5, v. 835 — ao que a melhor resposta que Satã conseguiu dar foi "lá não estávamos para ver sua feitura". O enigma seria insolúvel se Milton não nos tivesse dado a solução em *De Doctrina*, vol. 1, cap. 5, onde diz que aquele "gerou", quando usado para o Pai em relação ao Filho, possui dois sentidos, "um literal, referente à produção do Filho, e outro metafórico, referente à exaltação Dele" (Bohn, *Prose Works*, vol. 4, p. 80). E é óbvio que "Hoje gerei" deve significar "Hoje exaltei", pois do contrário seria inconsistente com o resto do poema.* Se assim for, devemos admitir que o arianismo de Milton não é afirmado no *Paraíso perdido*. O lugar (liv. 2, v. 678-9) onde ficamos sabendo que Satã não temia qualquer *coisa criada*, exceto Deus e seu Filho apenas ilustra a mesma linguagem ilógica que faz de Eva uma de suas próprias filhas (liv. 4, v. 324); se o verso fosse lido de qualquer outra forma, ele faria do Pai, assim como do Filho, uma "coisa criada". A expressão "da Criação primogênito" aplicada ao Filho no livro 3, v. 383, é uma tradução do que diz São Paulo, πρωτότοκος πάσης κτίσεως (Colossenses 1:15).[9] Um escritor ávido por evitar a heresia ariana poderia de fato ter evitado a tradução de Milton; mas não teríamos, a partir desta passagem, ou de qualquer outra no poema inteiro, descoberto o arianismo do poeta sem o auxílio de evidências externas.**

4. Aquelas que são possivelmente heréticas e que de fato aparecem no *Paraíso perdido*.

(a) "Deus abarca todo o Espaço". A passagem importante é no livro 7, v. 166 em diante, onde o Pai comanda o Filho a criar o mundo. O Filho deve "do Fosso [...] fazer Céu e

---

*A verdadeira questão entre o Prof. Saurat e Sir Herbert Grierson sobre este ponto é se um sentido que contradiz o restante da estória do poeta é mais, ou menos, provável do que outro que com ela concorde.

[9] De acordo com a Almeida Corrigida e Fiel: "o primogênito de toda a criação".

** Nada digo no texto sobre o fato de o *PP* ter tão poucas referências ao Espírito Santo porque suponho que leitor algum do poema o notaria sem que isso lhe fosse apontado, ou, se o tivesse, até que fizesse quaisquer inferências teológicas. O Espírito Santo é mencionado na invocação do livro primeiro, e sua atuação na Igreja é abordada de forma bastante completa no livro segundo (v. 484-530). Mais do que isso ninguém teria esperado. O Espírito Santo não é assunto para a poesia épica. Pouco ouvimos sobre ele, ou sequer sobre a trindade, em Tasso.

Terra". O fosso é ilimitado porque "Eu preencho a infinitude"; vêm, então, as palavras cruciais:

> *nem vacante o espaço.*
> *Embora incircunscrito eu retroceda,*
> *E não propale a bondade, que é livre*
> *Pr'a agir ou não.*

Uma das grandes contribuições do Prof. Saurat foi descobrir a doutrina do *Zohar*, que quase certamente estava na mente de Milton quando escreveu esses versos. Tal doutrina parece ser a de que Deus se estende infinitamente no espaço (como éter) e, portanto, para criar — para abrir *espaço* para que qualquer coisa além de si mesmo possa existir —, ele precisa contrair, ou fazer retroceder, a essência infinita. Não penso ser provável que tal ideia tenha ocorrido de forma independente a dois autores, e portanto concedo ao Prof. Saurat que Milton foi influenciado pelo *Zohar* quando fala de Deus "retrocedendo". Resta definir em que sentido isso é herético. Dizer que Deus está em todo lugar é ortodoxo. "Não encho os céus e terra? Diz o Senhor" (Jeremias 23:24). É, porém, heresia dizer que Deus é corpóreo. Se, portanto, insistirmos em definir (o que, segundo creio, nenhum cristão jamais se viu obrigado a fazer) o *modo* da onipresença de Deus, não devemos defini-lo de forma a fazer com que Deus esteja presente no espaço da maneira que um corpo está. O *Zohar*, ao fazer Deus estar presente de forma a excluir outros seres (pois se ele não exclui outros seres, por que teria de se retirar para abrir espaço para eles?), parece incorrer neste erro. Mas Milton o segue? Para estar de acordo com o *Zohar*, o Deus de Milton deveria dizer: "O espaço *é* vacante *porque* me retirei"; na verdade, ele diz: "O espaço *não* é vacante, *embora* eu tenha me retirado".

A teologia do Paraíso perdido

E Milton segue explicando que a retirada de Deus consiste não em uma retração espacial, mas em "não propalar Sua bondade"; isto é, há partes do espaço sobre as quais Deus não exerce sua eficácia, embora ele ainda esteja, de alguma forma indefinida, nelas presente. Pode-se recair aqui em uma heresia bastante diversa — aquela de atribuir *potencialidade* a Deus; mas isso não obriga Milton a fazer de Deus um ser extendido, como a matéria. Na verdade, é duvidoso que o próprio *Zohar* esteja comprometido com tal ideia; tendo dito que Deus "contrai sua essência", ele afirma que, por meio disso, Deus não diminui a si mesmo. No entanto, a contração espacial de um corpo implicaria um decrescimento da extensão. Assim, a retração do *Zohar* não é de fato uma questão de espaço, como a entendemos, de forma alguma; e nem mesmo o *Zohar*, e Milton menos ainda, podem ser convictamente acusados de tal crueza de pensamento imagético como a princípio suspeitamos. Por fim, gostaria de chamar atenção para palavra "incircunscrito". Não está claro a que frase no *Zohar* o Prof. Saurat supõe que ela corresponda. Podemos, porém, encontrar paralelos em um autor bastante diferente. Tomás de Aquino,[10] ao definir o modo da onipresença de Deus, atribui três diferentes sentidos às palavras "estar em um lugar" (ou "no lugar"). Um *corpo* é um lugar de tal modo a ser delimitado por ele, i.e., ele ocupa um lugar *circunscritivo*. Um anjo se encontra em um lugar não *circunscritivo*, pois não

---

[10] São Tomás de Aquino (1225–1274): frade católico italiano, autor de obras de grande influência nos campos teológico e filosófico e cujo livro mais importante, a *Suma teológica* (1485), é considerado o grande monumento da escolástica medieval. Composta a partir de mais de seiscentas perguntas, a *Suma* compende todos os principais ensinamentos teológicos da doutrina católica e busca ser um guia abrangente e racional para quaisquer interessados na teologia cristã.

está delimitado por ele, mas *definitivo*, porque encontra-se naquele lugar específico, e não em qualquer outro. Deus, todavia, encontra-se em um lugar nem *circunscritivo* nem *definitivo*, porque ele está em todo lugar (*Summa Theologicae*, parte 1, questão 52, art. 2). Não suponho que Milton, que partilhava integralmente da atitude filistina dos humanistas quanto à filosofia escolástica, tenha ele mesmo lido essas palavras, mas penso ser muito improvável que a concepção de *circunscrição* nesse sentido fosse desconhecida na Cambridge de sua época. E, se assim for, seu uso da palavra *incircunscrito* teria fomentado as associações de uma teoria da onipresença divina que é perfeitamente ortodoxa. Mesmo se isso não for aceito, e se *incircunscrito* for tomado como reprodução de "não que Ele tenha diminuído a Si mesmo" que lemos no *Zohar*, isso ainda assim enfatizaria apenas aquela cláusula no *Zohar* por meio da qual se evita uma concepção puramente espacial. Em suma, desta passagem altamente poética mas filosoficamente obscura, o melhor que podemos inferir é que Milton talvez esteja seguindo o *Zohar* no que ele tem de possivelmente herético.

(b) A matéria é parte de Deus. Milton certamente rejeita em *De Doctrina*, livro 1, cap. 7, o ensinamento ortodoxo de que Deus fez o universo material "a partir do nada", i.e., sem qualquer material bruto preexistente. Ele toma como "um argumento de supremo poder e bondade que tal virtude variegada, multiforme e inexaurível" (a saber, como a da matéria) "possa existir e ser substancialmente inerente em Deus". O espírito, de acordo com Milton, "sendo a mais excelente substância, contém virtual e essencialmente dentro de si aquela inferior". Não é fácil compreender esta doutrina, mas podemos notar que ela não recai na heresia contra a qual a doutrina da "criação a partir do nada" buscava oferecer proteção. Aquela doutrina estava direcionada contra o dualismo — contra a ideia de que Deus não era a origem exclusiva das coisas, mas que se achara desde o início confrontado por algo diverso de si mesmo. Nisto Milton não crê: se errou, ele o fez ao voar para bem longe disso, e crer que Deus fez o mundo "a partir de Si mesmo". E esta visão deve ser *em certo sentido* aceita por todos os teístas: no sentido de que o mundo foi modelado em uma ideia existente na mente de Deus, de que Deus inventou a matéria, de que (*salva reverentia*)[11] ele "pensou" na matéria assim como Dickens "pensou" no Sr. Pickwick.[12] Daquele ponto de vista, poder-se-ia dizer que Deus "continha" matéria assim como Shakespeare "continha" Hamlet. De fato, se Milton houvesse se contentado em dizer que Deus "virtualmente continha" matéria, assim como o poeta, o poema; ou os pés, a celeridade, ele teria (creio) sido ortodoxo. Quando ele vai e acrescenta "essencialmente", ele provavelmente quer dizer algo herético (embora eu não entenda exatamente o quê), e este algo presumivelmente aparece em *Paraíso perdido*, liv. 5, v. 403 e seguintes — uma coloração fugaz no poema que detectamos apenas com o auxílio de evidências externas extraídas de *De Doctrina*.

Talvez seja útil mencionar aqui — embora seria mais a propósito se meu assunto fosse o *Paraíso reconquistado*[13] — o que pensa o Prof. Saurat sobre a apresentação da redenção feita por Milton. Diz o Prof. Saurat (p. 177) que a crucificação não desempenha "qualquer papel notável" na teologia do

---

[11] Expressão latina cujo sentido é próximo de "com todo o respeito".
[12] Samuel Pickwick: protagonista livro de estreia de Charles Dickens, *As aventuras do Sr. Pickwick* (1836).
[13] Sequência do *Paraíso perdido* publicada em 1671 que tem como tema as tentações de Cristo por Satã.

poeta e que aquela "reparação vicária não é de forma alguma uma concepção miltônica" (p. 178). Mas é precisamente o esquema de reparação vicária em sua forma mais estritamente anselmiana[14] que o Pai propõe em *PP*., liv. 3 (v. 210 em diante) e que o Filho aceita — "Em mim recaia tua raiva;/ Por homem toma-me" (liv. 3, v. 237-8). Miguel explica todo o assunto para Adão em termos forenses. Cristo salvará o homem "ao sofrer Morte,/ A pena justa pelo teu trespasse" (liv. 12, v. 398-9): "Tua punição/ Ele há de suportar" (liv. 12, v. 404-5). Seus méritos "imputados" salvarão os seres humanos (v. 409). Ele vai "pregar" nossos inimigos "à cruz" (v. 415) e pagar nosso "resgate" (v. 424). O que Milton poderia ter feito, que não fez, para se prevenir da crítica do Prof. Saurat? Mesmo em *Paraíso reconquistado*, é somente o Éden — não o céu — que Cristo ergue no ermo (*PR.*, liv. 1, v. 7) A virilidade perfeita perdida por Adão lá amadurece em conflito com Satã; naquele sentido, o Éden, ou o Paraíso, o estado de perfeição, é "reconquistado". Mas toda reparação vicária ainda precisa ser levada a cabo: eis o motivo pelo qual ouvimos tão pouco sobre isso no poema. A tentação é meramente "exercício" (*PR.*, liv. 1, v. 156) e "rudimentos" (*PR.*, liv. 1, v. 157) *preparatórios para* o trabalho da redenção, e dele difere em tipo, porque no ermo Cristo meramente derrota os "apelos" de Satã (*PR.*, liv. 1, v. 152), enquanto na crucificação ele derrota

---

[14] Santo Anselmo de Cantuária (1033–1109): importante teólogo medieval autor de obras que influenciaram o pensamento escolástico. Lewis parece se referir aqui à teoria anselmiana da expiação satisfatória elaborada por Anselmo em *Cur Deus Homo?* [Por que Deus se fez homem?] (1094-8), propondo que a morte de Cristo, em vez de saldar uma dívida com Satã, salda na verdade a dívida dos homens para com Deus. O desequilíbrio moral ocasionado pelo pecado dos homens demanda reparação, cumprida por meio do sacrifício substitutivo de uma vítima perfeita: o próprio Cristo.

"toda sua vasta força" (*PR.*, liv. 1, v. 153). Por isso, no final do poema, o coro angélico pede a Cristo que "então venha" em sua verdadeira missão e "principie" a salvar a humanidade (*PR.*, liv. 4, v. 634). A "derrota moral" de Satã foi alcançada, mas sua derrota efetiva ainda está por vir. Se a analogia é admissível, Milton descreveu as *enfances*[15] e a sagração do herói em cavaleiro, e verdadeiramente deixou bastante claro que a morte do dragão não é parte do seu assunto. Pode-se, é claro, indagar por que Milton *não* escreveu um poema sobre a crucificação. De minha parte, penso que a resposta é que ele era mais sensato. Mas por que uma pergunta dessa deveria ser feita? Um homem não está contratualmente obrigado a escrever todos os poemas que nos parecem adequados para ele.

As heresias do *Paraíso perdido* reduzem-se, dessa forma, a algo muito diminuto e antes ambíguo. Pode-se objetar que tratei o poema como um documento jurídico, desvelando a que as palavras de Milton estritamente o obrigam e pondo de lado as evidências de suas outras obras que nos mostram o que ele "realmente quis dizer" com elas. É certo que se estivéssemos em busca dos pensamentos íntimos de Milton e valorizássemos o poema apenas pela luz que lança sobre aqueles, meu método seria muito perverso. Mas as palavras "realmente quis dizer" são ambíguas. "O que Milton realmente quis dizer com o poema" pode significar (a) seu pensamento integral sobre todos os assuntos nele mencionados; (b) o poema que ele quis (isto é, tencionou) escrever, o instrumento para produzir certa experiência nos leitores que ele tencionou realizar. Ao lidarmos com a segunda, temos não apenas

---

[15] Em textos medievais, o termo *enfances* se refere aos primeiros feitos de armas de um aspirante a cavaleiro.

Prefácio ao Paraíso perdido

autorização, mas obrigação de excluir quaisquer efeitos que suas palavras possam produzir apenas por meio do auxílio do *De Doctrina* ou do *Zohar*, pois o poema não é endereçado a estudiosos de nenhum dos dois. O hábito moderno de escrever poemas que devem ser entendidos apenas à luz da leitura do próprio poeta, por mais idiossincrática ou acidental que possa ser, era um tanto alheia às concepções clássicas, públicas e objetivas de poesia que Milton sustinha. Você incluía em seu poema não qualquer coisa que porventura o interessasse, mas o que era apropriado, em primeiro lugar, ao objetivo geral de deleitar e educar o leitor, e, em segundo lugar, à fábula e ao tipo de composição. O decoro era a grande obra-prima. Desviar os olhos do efeito que se esperava que o poema produzisse, e que fora pensado para produzir, no público ordinariamente instruído e cristão da época de Milton, e considerar, em vez disso, todas as conexões que ele pode ter efetuado no pensamento íntimo de Milton, seria como sair do auditório durante uma tragédia para ficar nas coxias e ver como é o cenário visto de lá e como os atores falam quando deixam o palco. Ao fazer isso, você descobrirá muitos fatos interessantes, mas não será capaz de julgar ou apreciar a tragédia. Devemos estudar no *Paraíso perdido* aquilo que nos foi oferecido pelo poeta enquanto trajava suas vestes de vate. E ao estudarmos isso, descobrimos que ele pôs de lado a maior parte dos seus caprichos teológicos privados durante suas horas de trabalho como poeta épico. Ele pode ter sido um homem indisciplinado, mas, como artista, era muito disciplinado. Portanto, de suas heresias — cujo número é menor do que alguns supõem —, um número ainda menor se amostra no *Paraíso perdido*. Urânia o manteve sob controle. O *melhor* de Milton encontra-se em sua épica: por que deveríamos fazer qualquer esforço a fim de arrastar de volta, para dentro daquele nobre edifício, todos os pedregulhos que as leis de sua estrutura, as limitações do seu propósito e a prudência talvez semiconsciente do autor tão oportunamente de lá removeram? Noé precisa figurar *sempre* ébrio e desnudo em nossas mentes, sem jamais construir a arca?[16]

Os leitores cristãos que consideram o *Paraíso perdido* insatisfatório enquanto poema religioso podem muito naturalmente suspeitar de que algumas de suas falhas nesse quesito não estão desconectadas daquelas crenças heréticas, que, extraídas de suas outras obras, podemos atribuir ao autor. A suspeita não será confirmada ou rechaçada até o Dia do Juízo. Enquanto isso, o caminho mais seguro é julgar o poema *por seus méritos*, não prejulgá-lo por meio da projeção de erros doutrinais no texto. Ademais, no que se refere à doutrina, o poema é imperiosamente cristão. Exceto por algumas passagens isoladas, ele não é, nem mesmo especificamente, protestante ou puritano. Ele nos dá a grande tradição central. Emocionalmente ele pode ter tais e tais faltas; dogmaticamente, seu convite para tomarmos parte nessa grande mimese ritual da Queda é algo que toda a cristandade em todas das terras ou eras vê-se capaz de aceitar.

Não posso terminar esta parte do meu assunto sem mais uma vez expressar a gratidão devida ao Prof. Saurat, por todos os amantes de Milton. Creio que o livro dele está repleto de respostas equivocadas para as perguntas que formulou; mas o fato de tê-las formulado, de ter resgatado a crítica de Milton do apático louvor à sua "música de órgão" e da tagarelice sobre os "majestosos róis de nomes próprios", de ter dado início à

---

[16] Os episódios da construção da arca e da embriaguez e nudez de Noé encontram-se em Gênesis 6–9.

Prefácio ao Paraíso perdido

nova era, na qual os leitores o tomam (tal como ele desejava ser tomado) a sério, foi um trabalho muitíssimo proveitoso e altamente original. Se estou certo em encontrar respostas bem diferentes para essas perguntas, minha dívida com o Prof. Saurat não é menor. Foi com ele que primeiro aprendi de todo a buscar respostas, ou de fato suspeitar que valia a pena encontrá-las. Ele fez a maior parte da crítica miltônica anterior parecer um pouco infantil ou diletante, e mesmo aqueles de nós que dele discordamos pertencemos, em certo sentido, à sua escola.

CAPÍTULO 13

Satã

le genti dolorose
C'hanno perduto il ben de l'intelletto

Alighieri[1]

Antes de considerar o caráter do Satã de Milton, pode ser desejável desfazer uma ambiguidade ao observar que a Srta. Bates de Jane Austen[2] poderia ser descrita como uma pessoa muito divertida ou muito tediosa. Se optarmos pela primeira, a implicação é de que o retrato dela feito pela autora nos diverte enquanto lemos; se optarmos pela segunda, a implicação é de que isso se dá por meio do retrato de uma pessoa que as outras pessoas em *Emma* julgam tediosa e que também nós acharíamos se nos deparássemos com alguém semelhante na vida real. Trata-se, afinal, de uma descoberta crítica muito antiga a de que a imitação de objetos desagradáveis na arte pode ser uma imitação agradável. Da

---

[1] "as dolorosas gentes/ Que perdido têm o bem do intelecto". Trata-se dos versos 17-18 do canto 3 do *Inferno*, primeira parte da *Divina comédia*, obra-prima do poeta italiano Dante Alighieri (c. 1265–1321).
[2] Personagem do romance *Emma* (1815), da escritora inglesa Jane Austen (1775–1817).

mesma forma, a proposição de que o Satã de Milton é um personagem magnífico pode comportar dois sentidos. Pode significar que a apresentação dele feita por Milton é uma conquista poética magnífica que envolve a atenção e aguça a admiração do leitor. Por outro lado, ela pode significar que o ser real (se existente) que Milton está retratando, ou qualquer ser real semelhante a Satã, se houve algum, ou um ser humano real na medida em que lembra o Satã de Milton, é ou deve ser um objeto de admiração ou simpatia, consciente ou inconsciente, da parte do poeta ou de seus leitores ou de ambos. A primeira, até onde sei, jamais foi negada até os tempos modernos; a segunda, jamais afirmada antes da época de Blake e Shelley — pois quando Dryden[3] disse que Satã era o "herói" de Milton ele quis dizer algo bastante diverso. Trata-se, a meu ver, de algo completamente errôneo. Ao dizer isso, porém, infringi os limites da crítica literária pura. No que se segue, portanto, não hei de labutar diretamente para converter aqueles que admiram Satã, mas apenas para clarificar um pouco o que eles de fato estão admirando. Que Milton não poderia ter tomado parte na admiração deles é algo que não precisará, assim espero, de qualquer defesa.

A principal dificuldade é que qualquer exposição verdadeira do caráter satânico e do dilema satânico está sujeita a

---

[3] William Blake (1757–1827): poeta, pintor e tipógrafo inglês, autor, entre outros, de *Canções da inocência* (1789), *Canções da experiência* (1794) e *O matrimônio do céu e do inferno* (1790-3). Grande leitor de Milton, dedicou a este o épico *Milton* (1810) e fez uma série de ilustrações tanto para o *Paraíso perdido* como para o *Paraíso reconquistado*; Percy Bysshe Shelley (1792–1822): importante poeta romântico inglês, esposo de Mary Shelley (1797–1851) e autor, entre outros, de *Ozimândias* (1818) e *Prometeu desacorrentado* (1820); John Dryden (1631–1700): prolífico e influente poeta, crítico, tradutor e dramaturgo inglês, famoso sobretudo por suas peças e traduções, dentre as quais se destaca a tradução da *Eneida*.

suscitar a pergunta: "Então você considera o *Paraíso perdido* um poema cômico?". A isto respondo: não. Porém, só compreenderão a questão aqueles capazes de ver que ele poderia ter sido um poema cômico. Milton optou por tratar o dilema satânico em forma épica e, portanto, subordinou o absurdo de Satã à penúria que ele sofre e inflige. Outro autor, Meredith,[4] tratou-o como comédia com a consequente subordinação de seus elementos trágicos. Mas *The Egoist* [O egoísta] permanece, a despeito disso, uma contraparte ao *Paraíso perdido*, e assim como Meredith é incapaz de excluir todo o páthos de Sir Willoughby, também Milton é incapaz de excluir todo o absurdo de Satã, e nem mesmo almeja fazê-lo. Eis a explicação do riso divino no *Paraíso perdido* que ofendeu alguns leitores. Há nisso uma ofensa verdadeira, porque Milton imprudentemente fez suas pessoas divinas tão antropomórficas que seu riso legitimamente suscita reações hostis em nós — como se estivéssemos lidando com um ordinário conflito de vontades no qual o vencedor não deve ridicularizar o perdedor. Mas é um erro demandar que Satã, ainda mais que Sir Willoughby, deva ser capaz de vociferar ou se exibir ao longo de todo o universo sem, mais cedo ou mais tarde, despertar o espírito cômico. Toda a natureza da realidade precisaria ser alterada para lhe conferir tal imunidade, e ela não é alterável. No exato instante em que Satã ou Sir Willoughby se deparam com algo real, o riso *tem* de surgir, assim como se passa com o vapor quando a água encontra o fogo. E ninguém era menos suscetível a ignorar essa necessidade do que Milton. Sabemos por suas obras em prosa que ele acreditava que toda coisa

---

[4] George Meredith (1828–1909): romancista e poeta inglês da era vitoriana, autor, entre outros, de *The Egoist* [O egoísta] (1879), que tem por protagonista Sir Willoughby Patterne.

detestável era, a longo prazo, também ridícula; e o cristianismo puro e simples obriga cada cristão a crer que "o Diabo é (a longo prazo) um asno".[5]

Em que consiste o dilema satânico é algo esclarecido, como observa o Sr. Williams,[6] pelo próprio Satã. Em sua própria exibição, ele sofre de um "senso de mérito ferido" (liv. 1, v. 98). Trata-se de um estado de espírito bastante conhecido que todos podemos estudar em animais domésticos, crianças, estrelas de cinema, políticos ou poetas menores — e talvez de forma mais pessoal. Muitos críticos demonstram uma curiosa parcialidade quanto a tal senso em literatura, mas não sei se alguém o admira na vida. Quando aparece, incapaz de ferir, em um cachorro ciumento ou criança mimada, geralmente provoca certo riso. Quando aparece armado com a força de milhões no palco da política, ele escapa do ridículo apenas ao ser mais pernicioso.[7] E o motivo pelo qual o senso de mérito ferido surgiu na mente de Satã — novamente sigo o Sr. Williams — é igualmente claro. Ele "julgou-se lesado" (liv. 5, v. 665). Julgou-se lesado porque o Messias foi declarado chefe dos anjos. Estas são as "afrontas" que Shelley descreveu como "desmedidas".[8] Um ser superior a ele mesmo em espécie, por meio do qual ele mesmo foi criado — um ser muito acima dele na hierarquia natural —, foi-lhe preferido em detrimento de sua honra por uma autoridade cujo

---

[5] Provável alusão à peça *The Devil is an Ass* [O Diabo é um asno] do dramaturgo inglês Ben Jonson (1572–1637), representada pela primeira vez em 1616 e publicada em 1631.
[6] Charles Williams, a quem este livro é dedicado.
[7] Vale lembrar que o livro de Lewis foi escrito e publicado durante a Segunda Guerra Mundial (1939–1945).
[8] Tais comentários de Shelley se encontram no prefácio à sua peça *Prometeu desacorrentado* (1820).

direito de fazê-lo era incontestável, e de uma maneira que, como observa Abdiel, constituía antes um elogio do que uma desfeita aos anjos (liv. 5, v. 822-48). Ninguém de fato havia feito qualquer coisa a Satã; ele não estava faminto, nem sobrecarregado, nem afastado do seu lugar, nem era evitado ou odiado — ele apenas se julgou lesado. Em meio a um mundo de luz e amor, de canção e festim e dança, ele não pôde achar nada de mais interessante para pensar do que seu próprio prestígio. E seu próprio prestígio, deve-se notar, não tinha, nem podia ter, outra fundamentação do que a que ele se recusou a admitir quanto ao prestígio superior do Messias. Superioridade em tipo, ou designação divina, ou ambas — do que mais sua posição exaltada poderia depender? Daí está sua revolta enredada em contradições desde o princípio, e ele não pode nem mesmo alterar o pendão da liberdade e igualdade sem admitir em um parêntesis revelador que "Ordens e Graus/ Não minam a liberdade" (liv. 5, v. 792-3). Ele quer e não quer hierarquia. Ao longo do poema, ele se empenha em serrar o galho em que está sentado, não apenas no sentido semipolítico já indicado, mas em um sentido ainda mais profundo, já que uma criatura que se revolta contra um criador está se revoltando contra a fonte dos seus próprios poderes — incluindo até mesmo seu poder de se revoltar. Por isso o conflito é descrito de forma muito precisa como "do Céu arruinar o Céu" (liv. 6, v. 868), pois apenas enquanto ele também é "Céu" — molesto, pervertido, torcido, mas ainda autóctone do céu — é que Satã sequer existe. É como o aroma de uma flor tentando destruir a flor. Como consequência, a mesma rebelião que angustia os sentimentos e corrompe a vontade, mostra-se um desatino para o intelecto.

O Sr. Williams nos fez lembrar por meio de palavras inesquecíveis de que o "Inferno é impreciso", e chamou a atenção para o fato de que Satã mente sobre cada assunto que menciona no *Paraíso perdido*. Não sei, contudo, se conseguimos distinguir suas mentiras conscientes da cegueira que ele impôs quase voluntariamente a si mesmo. Quando, bem no início de sua insurreição, ele conta a Belzebu que o Messias vai passar "por todas as Hierarquias [...] e ditar Leis" (liv. 5, v. 691-3), eu suponho que ele pode ainda saber que está mentindo; e, de forma semelhante, quando diz a seus sequazes que "toda a azáfama/ Noturna" (liv. 5, v. 777-8) foi ordenada em honra do seu novo "Chefe". Mas quando no livro 1 ele alega que o "terror do braço seu" fez com que Deus receasse "seu império", não estou muito certo. Trata-se, é claro, de mera insensatez. Jamais houve guerra alguma entre Satã e Deus, apenas entre Satã e Miguel; mas é possível que ele então acredite em sua própria propaganda. Quando, no livro 10, ele inutilmente se gaba diante de seus pares que o caos tentou lhe obstar a jornada, "reclamando ao Fado supremo" (v. 480), ele pode de fato, àquela altura, ter persuadido a si mesmo de que isso era verdade — pois bem mais cedo em sua carreira, ele se tornara mais uma mentira do que um mentiroso, uma autocontradição personificada.

Esta sina do desatino — quase, no sentido de Pope,[9] da obtusidade — é evidenciada em duas cenas. A primeira é seu debate com Abdiel no livro 5. Aqui Satã tenciona manter a heresia que está na raiz de todo o seu dilema — a doutrina de que ele é um ser autoexistente, não um ser derivado, uma criatura. Ora, é natural esperar que um

---

[9] Referência à deusa Dulness [Obtusidade], protagonista do poema herói-cômico *The Dunciad* [Estupidíada] (1728-43), de Alexander Pope, onde é caracterizada como "filha do Caos e da eterna Noite" cuja missão é estupidificar o mundo todo.

ser autoexistente seja capaz de compreender sua própria existência; trata-se de *causa sui*.[10] A característica de um ser criado é a de simplesmente se perceber existindo, sem saber como, nem por qual motivo. Ao mesmo tempo, porém, se uma criatura é tola o bastante para tentar provar que não foi criada, o que seria mais natural do que dizer: "Bem, eu não estava lá para ver isso sendo feito"? Ainda assim, o que seria mais fútil, já que, ao admitir desse modo a ignorância de suas próprias origens, ela acaba por provar que aquelas origens se encontram fora de si mesma? Satã cai de imediato nessa armadilha (v. 850 em diante) — como de fato ele não pode evitar — e produz como prova de sua autoexistência o que é, em verdade, uma contraprova. Mas mesmo isto não é desatino o bastante. Revirando-se intranquilo no leito do desatino que erigiu para si mesmo, ele então abandona a feliz ideia de que o "curso fatal" de fato o produziu, e por fim, com ar triunfante, a teoria de que brotara do solo como um vegetal. Assim, em vinte versos, o ser orgulhoso demais para admitir ter sido derivado de Deus veio a se regozijar com a crença de que "simplesmente brotou" como Topsy[11] ou um nabo. A segunda passagem é seu discurso do trono no livro 2. A cegueira aqui mostrada lembra o que disse Napoleão antes de sua queda: "pergunto-me o que Wellington fará agora? — ele jamais

---

[10] Expressão latina com o sentido de "causa de si mesmo" que se tornou uma espécie de princípio filosófico debatido por autores como São Tomás de Aquino, Mestre Eckhart e Barukh Spinoza.
[11] Personagem do romance *A cabana do Pai Tomás* (1852), da escritora norte-americana abolicionista Harriet Beecher Stowe (1811–1896). Desconhecendo qualquer coisa acerca de Deus, Topsy julga ter simplesmente brotado em vez de ter sido criada por qualquer entidade sobrenatural.

se contentará em voltar a ser um mero cidadão".[12] Assim como Napoleão foi incapaz de conceber, não digo as virtudes, mas mesmo as tentações de um homem habitualmente honesto em um estado democrático toleravelmente estável, também Satã em seu discurso demonstra uma inabilidade completa em conceber outro estado de espírito que não seja o infernal. Seu argumento toma por axiomático que em qualquer mundo onde haja algum bem para ser invejado, os súditos terão inveja do seu soberano. A única exceção é o inferno, pois lá, visto não haver bem para ser obtido, o soberano não pode deter posse mais abundante deste e, portanto, não pode ser invejado. Disso ele conclui que a monarquia infernal possui uma estabilidade que falta à celeste. Que os anjos obedientes possam amar a obediência é uma ideia que ele é incapaz de conceber em sua mente, mesmo enquanto hipótese. No entanto, mesmo no interior dessa ignorância invencível, a contradição irrompe — pois Satã faz desta proposição ridícula um motivo para crer na vitória definitiva. Ele não percebe, aparentemente, que toda abordagem vitoriosa precisa remover as bases sobre as quais se espera conseguir a vitória. Uma estabilidade baseada em uma penúria completa, e que portanto se enfraquece a cada minoração daquela penúria, é tida como algo suscetível de auxiliar a eliminação completa da penúria (liv. 2, v. 11-43).

O que vemos em Satã é a horrível coexistência de uma sutil e incessante atividade intelectual com uma incapacidade de compreender qualquer coisa. Esta sina ele trouxe sobre si mesmo; a fim de evitar ver uma coisa, ele, de forma quase voluntária, fez-se simplesmente incapaz de ver de qualquer

---

[12] Arthur Colley Wellesley (1769–1852): o primeiro Duque de Wellington foi o general e estadista britânico que triunfou sobre Napoleão Bonaparte (1769–1821) na Batalha de Waterloo (1815).

Satã

coisa. E assim, ao longo do poema, todos os seus tormentos surgem, em certo sentido, ao seu próprio chamado, e o julgamento divino pode ter sido expresso nas palavras "seja feita a *tua* vontade". Ele diz "Sê, mal, o meu bem" (o que abarca "Sê, Desatino, o meu tino") e sua prece é atendida. É por sua própria vontade que ele se revolta; mas não é por sua vontade que a própria revolta irrompe em agonia por sua cabeça afora e torna-se um ser dele separado, capaz de encantá-lo (liv. 2, v. 749-67) e dar-lhe inesperada e indesejável progênie. Por sua própria vontade, ele se torna uma serpente no livro 9; no livro 10, ele é uma serpente, quer queira ou não. Esta degradação progressiva, da qual ele mesmo está vividamente ciente, é assinalada com cuidado no poema. Ele começa lutando por "liberdade", por mais incompreendida que fosse; mas quase de imediato ele cede à luta por "Honra, Domínio, glória e renome" (liv. 6, v. 442). Perdida esta batalha, cede ao grande desígnio que compõe o assunto central do poema — o desígnio de arruinar duas criaturas que jamais lhe fizeram qualquer mal, não mais movido pela grave esperança de vitória, mas apenas para irritar o inimigo que não pode atacar diretamente. (O covarde na peça de Beaumont e Fletcher, não ousando encarar um duelo, decidiu ir para casa e espancar seus servos.)[13] Isso faz dele um espião universo adentro, e logo nem mesmo um espião político, mas um mero *voyeur* mirando com malícia e se contorcendo de lascívia ao ver do alto a privacidade dos dois amantes, e lá descrito, quase pela primeira vez no poema, não como "o arcanjo caído" ou "o pavoroso Imperador do Inferno",

---

[13] Francis Beaumont (1584–1616) e John Flectcher (1579–1625) são dramaturgos contemporâneos de Shakespeare e que escreveram diversas peças em colaboração entre 1603 e 1625. Lewis possivelmente alude à peça *A King and No King* [Um rei e não rei] (1619), peça que lida com o código de ética dos duelos e que tem entre seus personagens o covarde Bessus.

mas simplesmente como "o Diabo" (liv. 4, v. 502) — o devasso grotesco, meio bicho-papão, meio bufão, da tradição popular. De herói a general, de general a político, de político a agente do serviço secreto, e disso para uma coisa que espreita janelas de quartos e banheiros, e disso para um sapo, e finalmente para uma cobra — eis o progresso de Satã. Tal progresso, incompreendido, deu origem à crença de que Milton inicialmente fizera Satã mais glorioso do que pretendia e, então, demasiado tarde, buscou retificar o erro. Mas uma imagem tão exata do "senso de mérito ferido" a agir verdadeiramente sobre o caráter não pode ter surgido por tropeço e acidente. Não precisamos duvidar que era a intenção do poeta ser justo com o mal, não facilitar as coisas para ele — mostrá-lo *primeiro* no auge, com todas as suas vociferações e melodrama e "ar divinal"[14] ao seu redor, e *então* traçar o que realmente ocorre com tal autointoxicação ao se deparar com a realidade. Felizmente, por acaso sabemos que o terrível solilóquio no livro 4 (v. 32-113) foi concebido e em parte composto antes dos primeiros dois livros. Foi a partir desta concepção que Milton principiou, e quando colocou os aspectos mais especiosos de Satã bem no início do poema, ele se fiava em duas predisposições na mente de seus leitores que, naquele contexto, teriam lhes protegido da nossa incompreensão tardia. Os homens ainda acreditavam que de fato havia uma pessoa como Satã e que ele era um mentiroso. O poeta não previu que um dia sua obra haveria de se deparar com a desarmada simplicidade dos críticos que tomam por evangelho coisas ditas pelo pai da mentira nos discursos públicos para suas tropas.

Permanece verdadeiro, é claro, o fato de Satã ser o mais bem desenhado personagem de Milton. A razão não é difícil

---

[14] *Paraíso perdido*, livro 2, v. 511.

de elucidar. Dos personagens principais que Milton tentou desenhar, ele é incomparavelmente o mais fácil. Faça com que cem poetas contem a mesma estória, e em noventa dos poemas resultantes Satã será o melhor personagem. Somente em alguns poucos escritores, os "bons" personagens são minimamente bem-sucedidos, e todos que tentaram alguma vez criar mesmo a mais humilde das estórias sabe o porquê. Para criar um personagem pior do que nós, basta imaginativamente liberar do controle algumas das más paixões, que, na vida real, estão sempre se esticando na coleira; o Satã, o Iago, a Becky Sharp,[15] dentro de cada um de nós, está sempre lá e a postos para, no momento em que a coleira afrouxar, sair e ter em nossos livros as férias que tentamos lhes negar em nossas vidas. Mas se tentar desenhar um personagem melhor do que você mesmo, tudo o que você pode fazer é pegar os melhores momentos que viveu e imaginá-los de forma prolongada e mais consistentemente incorporados em ação. Quanto às verdadeiras virtudes elevadas que de forma alguma possuímos, porém, não podemos retratá-las senão de modo puramente externo. Não sabemos verdadeiramente como é ser um homem muito melhor do que nós mesmos. Toda a sua paisagem interior jamais foi vista por nós, e ao adivinhar, tropeçamos. É por meio dos seus "bons" personagens que os romancistas fazem, inconscientes, as mais chocantes autorrevelações. O céu compreende o inferno, e o inferno não compreende o céu, e todos nós, a nosso modo, tomamos parte na cegueira satânica, ou ao menos napoleônica. Para nos projetarmos em um

---

[15] Iago: antagonista da peça shakespeariana *Otelo, o mouro de Veneza;* Becky Sharp: protagonista de *A feira das vaidades*, a obra mais famosa do autor inglês William Makepeace Thackeray (1811–1863), importante romancista da era vitoriana.

personagem perverso, precisamos apenas parar de fazer uma coisa, e uma coisa que já estamos cansados de fazer; para nos projetarmos em um bom personagem, temos de fazer o que não podemos e nos tornar o que não somos. Decorre disso que tudo o que é dito sobre a "simpatia" de Milton para com Satã, a expressão em Satã de seu próprio orgulho, malícia, insensatez, penúria e luxúria, é verdadeiro em certo sentido, mas não em um sentido peculiar a Milton. O Satã em Milton lhe permite desenhar bem o personagem, assim como o Satã em nós nos permite recebê-lo. Não como Milton, mas como homem, ele pisou na marga ardente, travou uma guerra vã com o céu, e virou de lado com olhar malicioso. Um homem caído *é* muito semelhante a um anjo caído. Isto, de fato, é uma das coisas que impedem o dilema satânico de se tornar cômico. Está muito perto de nós; e Milton certamente esperava que todos os leitores percebessem que, em longo prazo, ou o dilema satânico, ou então a jubilosa obediência do Messias, de Abdiel, de Adão e de Eva deve ser a deles próprios. É portanto correto dizer que Milton pôs muito de si em Satã; mas é insustentável concluir que ele estava satisfeito com aquela parte de si mesmo ou que esperava que nos satisfizéssemos. Porque ele era, como o resto de nós, condenável, não significa que ele estava, como Satã, condenado.

Contudo, mesmo os personagens "bons" em *Paraíso perdido* não são tão malsucedidos a ponto de um homem que leva o poema a sério ficar em dúvida sobre quem, na vida real, seria melhor companhia, Adão ou Satã. Prestem atenção ao seu diálogo. Adão fala sobre Deus, a árvore proibida, o sono, a diferença entre animal e homem, seus planos para o dia seguinte, as estrelas e os anjos. Ele discute sonhos e nuvens, o sol, a lua e os planetas, os ventos e os pássaros. Ele conta sua própria criação e celebra a beleza e majestade de Eva. Ouçamos, agora, Satã: no verso 83 do livro 1, ele começa a se dirigir a Belzebu; por volta do verso 94, ele assevera sua própria posição e fala a Belzebu sobre sua "mente fixa" e "mérito ferido". No verso 241, ele recomeça, desta vez para dar suas impressões do inferno: por volta do verso 252, ele assevera sua própria posição e nos assegura de que é "ainda o mesmo". No verso 622, ele começa a arengar aos seus sequazes; por volta do verso 635, ele chama a atenção para a excelência de sua conduta pública. O livro 2 começa com seu discurso desde o trono; em menos de oito versos, vemos ele pregar à assembleia sobre seu direito à liderança. Ele encontra pecado — e assevera sua posição. Ele divisa o sol; este o faz pensar em sua posição. Ele espia os amantes humanos; e assevera sua posição. No livro 9, ele viaja em torno de toda a terra; ela o faz lembrar de sua própria posição. Não é preciso insistir nesse aspecto. Embora localmente confinado a um pequeno parque em um pequeno planeta, Adão possui interesses que abrangem "todo o coro celeste e toda a mobília terrena".[16] Satã esteve no céu dos céus e no abismo do inferno, e inspecionou tudo em seu entremeio, e em toda aquela imensidão encontrou apenas uma coisa que o interessa. Pode-se dizer que, em relação a Satã, a situação de Adão tornava mais fácil para ele deixar a mente pervagar. Mas é justamente esta a questão. A preocupação monomaníaca de Satã consigo mesmo e seus supostos direitos e agravos é uma necessidade do dilema satânico. Ele certamente não tem escolha. Ele escolheu não ter escolha. Ele desejou "ser ele mesmo", e estar consigo mesmo e para si mesmo, e seu desejo foi atendido. O inferno que

---

[16] Palavras do filósofo irlandês e bispo anglicano George Berkeley (1685–1753), presentes na obra *A Treatise Concerning the Principles of Human Knowledge* [Tratado sobre os Princípios do Conhecimento Humano] (1710) parte 1, seção 6.

carrega consigo é, de certa forma, um inferno de tédio infinito. Satã, assim como a Srta. Bates, é interessante enquanto objeto de nossa leitura; Milton, contudo, deixa bem claro o inexpressivo desinteresse de *ser* Satã.

Admirar Satã, portanto, é votar não apenas em um mundo de penúria, mas em um mundo de mentiras e propaganda, de ilusão, de incessante autobiografia. Ainda assim, é possível escolher. Mal se passa um dia sem que algum tênue movimento em sua direção se dê em cada um de nós. É isso que torna o *Paraíso perdido* um poema tão sério. A coisa é possível, e sua exposição, ressentida. Onde o *Paraíso perdido* não é amado, é intimamente odiado. Como disse Keats, mais acertadamente do que imaginava, "há morte" em Milton.[17] Todos já orlamos a ínsula satânica perto demais para querermos justificadamente escapar do impacto completo do poema. Pois, eu repito, a coisa é possível; e depois de certo ponto, estimada. Sir Willoughby pode ser infeliz, mas ele *deseja* continuar sendo Sir Willoughby. Satã *deseja* continuar sendo Satã. Eis o verdadeiro sentido de sua escolha "Antes do Inferno rei que do Céu servo".[18] Alguns, até o fim, pensarão ser isto algo bom de se dizer; outros pensarão que não chega a ser farsa retumbante apenas porque denota agonia. A nível de crítica literária, não se pode mais avançar na questão. Cada um com seu gosto.

---

[17] John Keats (1795–1821): um dos principais poetas do romantismo inglês, famoso sobretudo por suas odes e pelo poema *Endymion* [Endimião] (1818). A citação de que "há morte" em Milton foi lida por Lewis em *Milton and His Modern Critics* [Milton e seus críticos modernos] (1940), de Logan Pearsall Smith (1865–1946), livro que resenhou em 1941. Contudo, em seu estudo, Smith atribui as palavras não a Keats, mas ao poeta e crítico inglês Robert Bridges (1844–1930), autor de *Milton's Prosody* [A prosódia de Milton] (1893) e poeta laureado entre 1913 e 1930.
[18] *PP.*, liv. 1, v. 263.

CAPÍTULO 14

Os sequazes de Satã

O Inferno não é vasto, ele só guarda
Pequenas almas pútridas.

Sitwell[1]

Eu li o livro 2 do *Paraíso perdido* muitas vezes antes de entender por completo o debate infernal; e é um prazer reconhecer o quanto a minha leitura foi auxiliada por uma observação da Srta. Muriel Bentley[2] (infelizmente ainda não impressa), a qual ela me deu permissão para citar. "Mammon", ela escreveu, "propõe um estado *ordenado* de pecado com tamanha majestade de orgulho que quase perdemos o rumo. Milton talvez tenha aqui tocado tão essencialmente a natureza do pecado

---

[1] Versos do longo poema *The Sleeping Beauty* [A bela adormecida] (1924), da poeta e crítica inglesa Edith Sitwell (1887–1964).
[2] De acordo com Stephen Schofield em *In Search of C. S. Lewis* [Em busca de C. S. Lewis] (Bridge Logos, 1983, p. 74), a Srta. Muriel Bentley não era uma estudiosa de Milton e sim uma jovem estudante que apresentou tal observação em uma prova. Fascinado pelo que leu, Lewis não pôde deixar de creditá-la ao desenvolver seus raciocínios neste livro.

que, não fosse pelo suspeito *viver para nós mesmos* (liv. 2, v. 254), não haveríamos de reconhecê-lo como tal, sendo tão natural para o homem." Desejo desenvolver essa sugestão.

A dificuldade em fazê-lo é que parecerei estar apenas moralizando e mesmo tratando o poema como uma alegoria, o que ele não é. Mas a verdade é que o valor estético de cada discurso neste debate depende em parte de sua significância moral, e de que esta significância moral não pode ser facilmente exposta sem apontar para aquelas situações na vida humana que se assemelham à situação dos demônios em Pandemônio. A semelhança não se deve ao fato de Milton estar escrevendo uma alegoria, e sim porque descreve a verdadeira raiz a partir da qual estas situações humanas florescem. Tal coisa não demandava explicação alguma quando ele escreveu, pois seus contemporâneos acreditavam no inferno; porém, é preciso explicar agora. Portanto, ouso lembrar aos meus leitores os paralelos mundanos ao dilema dos demônios. Eles acabaram de cair do céu para o inferno. Isto é, cada um deles é como um homem que acabou de trair seu país ou seu amigo e agora se reconhece como um pária, ou como um homem que, por meio de alguma ação intolerável, acabou de ter uma altercação irrevogável com a mulher que ama. Para os seres humanos, há com frequência uma saída para esse inferno, mas nunca há mais do que uma — a vereda da humilhação, do arrependimento e (se possível) da restituição. Para os demônios de Milton, essa vereda está fechada. Muito sensatamente, o poeta jamais permite de fato que a pergunta "Mas e se eles *de fato* se arrependeram?" se efetive. Tanto Mammon no livro 2 (v. 249-51) como Satã no livro 4 (v. 94-104) levantam a questão apenas para decidir que, para eles, ela não tem pertinência. Eles sabem que não se arrependerão. Aquela saída do inferno está firmemente trancada, pelos próprios demônios, do lado de dentro; se ela também está trancada do lado de fora não é algo, portanto, que precisa ser levado em consideração. O debate inteiro é uma tentativa de encontrar uma porta diversa da única existente. A partir desse ponto de vista, todos os discursos começam a revelar sua plena poesia.

O cerne do discurso de Moloque encontra-se nos versos 54-8 do livro 2. Haveremos de "tardar aqui" sentados e "convir co' esse covil sombrio de opróbrio?". Ele é incapaz de considerar forçosamente a presente penúria como inevitável. *Precisa* haver uma saída dessas sensações intoleráveis; e a saída que lhe ocorre é o furor. É uma saída que ocorre com frequência aos seres humanos em situação semelhante. Se o entendimento de que traímos o que mais prezávamos é insuportável, talvez uma hostilidade furiosa contra isso abafe o entendimento. Raiva, ódio, fúria cega — tudo isso é agradável se comparado ao que sentimos no momento. Mas a fúria é segura? Isso é irrelevante. Nada *pode* ser pior que o presente. Precipitarmo-nos cegamente sobre a coisa que ultrajamos, morrer golpeando-a — isto seria o melhor que poderia nos suceder. E quem sabe? Talvez possamos feri-la um pouco antes de morrer. Moloque é o mais elementar dos demônios; um mero rato em uma ratoeira.

Belial é menos óbvio. A chave de seu discurso aparece no verso 163: "É este o pior?" Não foi muito pior quando fugimos "perseguidos e aspados" pelo "afligente trovão do Céu"? O que quer que façamos, sejamos cuidadosos. Algumas dores começaram a adormecer, mas um movimento arrojado nosso pode despertá-las a qualquer instante. Não queremos isso. Tudo menos isso. Nossa política deve ser o total oposto da de Moloque — sermos muito, muito calmos, não fazer nada que possa liberar as ferinas energias do inferno, e torcer para que logo fiquemos mais ou menos acostumados com isso. Novamente, há aqui um análogo com a experiência humana. O exato momento em que fomos sacados de nosso céu, a própria queda pode ser recordada como tão pavorosa que nosso inferno é um refúgio em comparação. Houve um momento em que o traidor primeiro viu a verdadeira natureza do que estava fazendo e que então estava nisso comprometido; houve para o amante uma derradeira e inesquecível conversa com a mulher que enganou. Tais momentos foram agônicos porque neles ele se sentiu "do Céu a arruinar o Céu" — ele mesmo era ainda do céu autóctone, e os traços de honradez e amor ainda nele estavam. É *àquele* estado que, a todo custo, ele não deseja retornar. Os fogos não devem ser reacendidos: ficar dormente, declinar voluntariamente para um plano mais baixo de existência, jamais admitir outra vez qualquer aspiração, qualquer pensamento, qualquer emoção que possa "pôr termo/ Às *cômodas* trevas do Inferno",[3] evitar a grande literatura e a música nobre e a sociedade de homens incorruptos como um inválido evita correntes de ar — eis sua deixa. Naturalmente, não se fala em felicidade, mas talvez de alguma forma o tempo irá passar. Talvez hajamos de alcançar o estado de Parolles: "simplesmente o que sou far-me-á viver".[4]

Mammon se sai melhor. É difícil selecionar quaisquer versos como o cerne de seu discurso; ele todo é cerne. Caso tivesse que fazê-lo, escolheria os versos:

> *Arte temos e gênio p'ra suster*
> *Magnificência; e que mais pode o Céu?*

(v. 272-3)

---

[3] Versos do poema "The Victories of Love" [As vitórias do amor], do poeta inglês Coventry Patmore (1823–1896).
[4] Fala do personagem Parolles na peça shakespeariana *Bem está o que bem acaba* (ato 4, cena 3, v. 242-3).

"*e que mais pode o Céu?*" Nestas palavras lemos Mammon até o fundo. Ele crê que o inferno pode ser transforado em um *substituto* para o céu. Para cada coisa que foi perdida, você pode encontrar outra que há de servir bastante bem. O céu era magnífico: se o inferno for feito igualmente magnífico, ele tem de ser igualmente bom. Havia luz no céu: se produzirmos luz artificial, será igualmente bom. Havia escuridão no céu: por que então deveríamos não gostar da escuridão do inferno? — pois naturalmente só pode haver um tipo de escuridão. É por este motivo que Mammon é chamado de "o espírito menos ereto a/ Cair do Céu" (liv. 1, v. 679-80). Ele jamais sequer compreendeu a diferença entre céu e inferno. A tragédia não foi tragédia para ele: pode ele passar muito bem sem o céu. Os análogos humanos são aqui os mais óbvios e os mais terríveis de todos — os homens que parecem ter passado do céu ao inferno e não conseguem ver a diferença. "O que você quer dizer com a perda do amor? Há um excelente bordel ali na esquina. O que você quer dizer com essa conversa de desonra? Estou nitidamente revestido de insígnias e condecorações e todos que encontro prestam-me continência." Tudo pode ser imitado, e a imitação funcionará tão bem quanto a coisa verdadeira.

Todos os discursos, contudo, são igualmente fúteis. Na experiência humana, o plano de Mammon ou Belial pode ocasionalmente funcionar. Mas da perspectiva de Milton, isso se dá porque o mundo atual é temporário e nos protege momentaneamente da realidade espiritual. Os demônios, porém, não estão protegidos. Eles já se encontram no mundo da realidade espiritual, e o inferno é sua "masmorra", não seu "retiro seguro" (liv. 2, v. 317). É esta a razão pela qual nenhum desses esquemas vai realmente funcionar e nenhum artifício será capaz de lhes tornar a vida suportável. Portanto, tal como o mar desmantelando um castelo de areia, ou um adulto impondo silêncio às crianças, surge por fim a voz de Belzebu, chamando-os de volta à realidade. E a realidade a que os chama de volta é a de que eles não podem de forma alguma escapar do inferno, nem por qualquer meio ferir seu inimigo, mas há uma chance de ferir outrem. Talvez você não possa causar dano ao seu país; mas há alguns negros em algum lugar do mundo em posse da bandeira dele que você poderia bombardear ou mesmo açoitar? A mulher pode estar a salvo de você. Não teria ela talvez um irmão mais novo que você poderia fazer perder o emprego — ou mesmo um cachorro que poderia envenenar? Eis o senso, eis a política pragmática, eis o realismo do inferno.

Pope, louvando o poder inventivo de Homero, observa que na *Ilíada* "cada batalha eleva-se sobre a precedente em grandeza, horror e confusão".[5] Milton merece de certa forma o mesmo elogio por seu debate no inferno. Se tivéssemos unicamente o discurso de Moloque, não teríamos qualquer ideia do que haveria de suceder. O que mais o mal impenitente e sobrepujado pode fazer senão se enfurecer e bater o pé? Poucos poetas poderiam ter encontrado uma resposta. Mas tal é o poder inventivo de Milton que cada novo orador desvela recônditos mais profundos de penúria e maldade, novo subterfúgio e nova insensatez, e nos dá um entendimento mais completo do dilema satânico.

---

[5] O excerto se encontra no prefácio de Alexander Pope à sua tradução da *Ilíada*, publicada entre 1715 e 1720.

CAPÍTULO 15

O equívoco sobre os anjos de Milton

O que a filosofia nos sugere sobre este tópico é provável: o que as escrituras nos contam é certo. O Dr. Henry More foi até onde a filosofia permite. Você pode comprar tanto a sua obra teológica como a filosófica em um fólio de dois volumes.

Johnson *apud* Boswell[1]

Johnson constata uma "confusão de espírito e matéria"[2] impregnando todo o relato de Milton sobre a guerra no céu.

---

[1] Excerto do livro de James Boswell, *The Life of Johnson* (Oxford University Press, 1953, p. 471).
[2] Excerto do capítulo sobre Milton em *Lives of the English Poets: Waller, Milton, Cowley* [A vida dos poetas ingleses: Waller, Milton e Cowley] (Cassell & Company, 1891), que integra a obra *Lives of the Most Eminent English Poets* [A vida dos mais eminentes poetas ingleses], composta por recensões críticas e breves biografias de 52 poetas e que foi publicada originalmente por Johnson entre 1779 e 1781.

Prefácio ao Paraíso perdido

Mas Johnson a abordou a partir de um conceito equivocado; de acordo com ele, Milton "percebeu que a imaterialidade não fornecia imagens" e, portanto, "dotou" seus anjos de "forma e matéria"[3] — em outras palavras, Johnson acreditava que a corporeidade dos anjos de Milton era uma *ficção poética*. Ele esperava ver a verdadeira crença do poeta espreitando em meio à ficção e julgou ter visto o que esperava. Já pensei — quiçá a maior parte dos leitores o fez — o mesmo. Um novo período em minha apreciação do *Paraíso perdido* teve início quando primeiro encontrei motivos para crer que a imagem dos anjos de Milton, embora sem dúvida poética em seus detalhes, fora a princípio pensada enquanto uma imagem literalmente verdadeira de como eles provavelmente eram de acordo com a mais atualizada pneumatologia do seu século.

A grande mudança no pensamento filosófico naquele período que chamamos Renascença foi a passagem da escolástica[4] para o que os contemporâneos descreviam como teologia platônica.[5] Os estudantes modernos, à luz de eventos posteriores, têm a propensão de negligenciar esta teologia platônica em favor do que eles consideram as primícias do espírito científico ou experimental; contudo, à época, este chamado "platonismo" parecia ser o mais importante dos dois. Ora, um

---

[3] *Idem.*
[4] Tradição filosófica medieval que busca revalorizar a filosofia aristotélica e certo ideal de racionalidade a fim de conciliá-lo com o contato direto com a verdade revelada da fé cristã. Seus principais representantes são os monges Santo Alberto Magno (c. 1200–1280) e São Tomás de Aquino (1225–1274).
[5] A teologia platônica no sentido discutido por Lewis está bastante associada à obra *Theologia platonica de immortalitate animoroum* [Teologia platônica acerca da imortalidade das almas] (1482) do filósofo italiano Marsílio Ficino (1433–1499), um tratado sistemático que procura conciliar platonismo e cristianismo e oferecer um argumento racional sobre a imortalidade das almas humanas.

dos pontos nos quais ele divergia da escolástica era este: ele acreditava que todos os espíritos criados eram corpóreos.

Tomás de Aquino acreditava que os anjos eram puramente imateriais; quando "apareciam" para os sentidos humanos, eles haviam temporariamente assumido um corpo aéreo, suficientemente condensado para se fazer visível (*Summa Theologicae*, parte 1, questão 51, art. 2). Como diz Donne, "Um Anjo face e asas/ De ar, não tão puras, mas puras, deve portar" ("Aire and Angels"). Portanto, para Aquino, um anjo não poderia comer; quando parecia fazê-lo, tratava-se "não de alimento verdadeiro, mas de um símbolo do alimento espiritual" (*Sum. Theol.*, parte 1, questão 52, art. 3). Eis a visão que Milton se esforça por contestar. Quando seu arcanjo jantou com Adão, ele não simplesmente parecia comer, nem era sua refeição mero símbolo — "nem na aparência [...] nem em vapor" (i.e., de forma mística ou espiritual) (*PP.*, liv. 5, v. 434-5). A fome verdadeira precedeu, a assimilação verdadeira, com consequente elevação da temperatura, acompanhou a refeição. É inconcebível que Milton tenha enfatizado de tal forma a realidade da nutrição angélica (e mesmo da excreção angélica) se os corpos por ele atribuídos aos seus anjos fossem mero recurso poético. A passagem se torna inteligível por inteiro, e muito menos poeticamente grotesca, quando percebemos que Milton incluiu tais coisas nela, sobretudo porque as tinha por *verdade*. Nisto ele não estava sozinho.

A ideia basilar dos teólogos platônicos era a de que estavam recuperando dos escritores antigos uma grande sabedoria secreta em concordância substancial com o cristianismo. Platão era apenas o derradeiro e mais elegante dos seis *summi theologi*,[6]

---

[6] Em latim no original: "sumos teólogos".

sendo os demais, Zoroastro, Hermes Trismegisto, Orfeu, Aglaophemus e Pitágoras,[7] e todos disseram a mesma coisa (Ficino, *Theologia Platonica*, livro 18, cap. 1). É este o motivo que leva um cristão como Puttenham[8] a chamar Trismegistro de "o mais sagrado dos Pastores e Profetas" (*Arte of English Poesie*, livro 3, cap. 8). Em decorrência disso, os milagres registrados de sábios pagãos não precisam ser nem diabólicos nem lendários. "As almas dos homens que se entregaram a Deus comandam os elementos e realizam o restante daquelas ações que os poetas cantam, os historiadores relatam e os filósofos, sobretudo os platonistas, não denegam" (*TP*, liv. 13, cap. 4). "Quanto aos milagres feitos por Pitágoras", escreve Henry More (da mesma universidade de Milton), "embora eu não acredite em tudo que foi registrado sobre ele, ainda assim tomo como bastante prováveis os que enumerei, não sendo impróprios à dignidade da pessoa" (prefácio a *Defense of the Cabbala*).[9] Atrelada a isso está

---

[7] Zoroastro: profeta e poeta persa nascido possivelmente em meados do século 7 a.C. e que fundou a primeira religião monoteísta do mundo, o zoroastrismo; Hermes Trismegisto: figura mítica de origem sincrética associada à literatura hermética produzida por filósofos e teólogos, sobretudo nos séculos 2 e 3, em oposição às Escrituras de inspiração divina dos cristãos; Orfeu: figura mítica grega entendida como cantor místico e teólogo fundador do orfismo, doutrina filosófico-religiosa que tinha em seu cerne o conceito de transmigração das almas; Aglaophemus: pouco se sabe sobre este pensador que, na obra de Ficino — ancorada no filósofo neoplatônico Proclo (412-485) —, ocupa o lugar de intermediário entre Orfeu e Pitágoras; Pitágoras de Samos (c. 570 a.C.-495 a.C.): filósofo e matemático grego tido como fundador do pitagorismo, escola filosófica influenciada por religiões orientais e que mescla tendências místico-religiosas e científico-racionais.
[8] George Puttenham (1529–1590): escritor e crítico literário inglês autor de *The Arte of English Poesie* [A arte da poesia inglesa] (1589), influente manual de poesia e retórica.
[9] Henry More (1614–1687): proeminente teólogo e filósofo inglês vinculado aos Platonistas de Cambridge e autor, entre outros, de *The Immortality*

a crença de que os retratos da vida não humana, ainda que racional, apresentados pelos escritores pagãos contêm grande parte de verdade. O universo está repleto de tal vida — cheio de *genii, daemones, aerii homines*.[10] E estes são *animais*, corpos animados ou mentes encarnadas.

De acordo com Ficino, cada uma das esferas e cada um dos quatro elementos possui, além de sua alma geral, muitas almas, ou animais, que dela derivam. São corpóreos o bastante para serem vistos, embora não os vejamos todos. Vemos os estelares porque, apesar de longínquos, são brilhantes, e os terrestres porque são próximos e opacos. Os aéreos e ígneos não vemos. Os aquáticos ("a quem Orfeu chama Nereidas")[11] são "por vezes vistos por pessoas de olhos muito penetrantes na Pérsia ou na Índia" (*TP.*, liv. 4, cap. 1).

"Sempre estive disposto", escreve Henry More em sua terceira carta a Descartes, "a concordar com os Platonistas, com os Pais ancestrais, e com quase todos os mágicos, em reconhecer que todas as almas e *genii*, quer bons ou maus, são claramente corpóreos e, por consequência, possuem experiência sensorial em sentido estrito; isto é, através da mediação de

---

of the Soul [A imortalidade da alma] (1659) e *The Defense of the Threefold Cabbala* [Defesa da tríplice Cabala] (1662).

[10] *Genii* [gênios ou *jinns*] são uma classe de espíritos da demonologia islâmica que habitam a terra, assumem diversas formas e exercem poder sobrenatural; *daemones* (daímons) são espíritos tutelares da cultura grega, entendidos como seres semidivinos, por vezes semelhantes aos *jinns* árabes; *aerii homines* (homens do ar), por sua vez, parece ser uma denominação menos precisa para seres espirituais (corpóreos) dotados de poder e que o homem terreno é capaz de invocar e mesmo controlar se tiver o conhecimento necessário.

[11] Trecho da *Theologia Platonica* de Ficino (liv. 4, cap. 1) (cf. *Platonic Theology*, trad. de Michael John Bridgman Allen, Harvard University Press, 2011, p. 267).

um corpo." Quão longe ele levou esta ideia pode ser visto em seu livro sobre a *Immortality of the Soul* [Imortalidade da Alma] (livro 3, cap. 9, item 6), onde nos diz que aqueles espíritos detentores de corpos aéreos podem, por meio do "movimento local" e da "atividade dos seus pensamentos", agitar as partículas de tais corpos até que eles se "dispersem e transpirem". O corpo irá então precisar de "um reforço" — "por isso não é nada improvável que eles possam ter ocasiões de refeição, ao menos por prazer, senão por necessidade". Ele até menciona "passatempos inocentes em que a propensão musical e amorosa" de tais seres "possa ser também recreada" (*Im. of the Soul*, liv. 3, cap. 9, item 4). É verdade que em seu prefácio (parágrafo 8) ele se queixa sobre esta passagem ter sido incompreendida; contudo, ele certamente não exclui a possibilidade de uma "propensão amorosa" no sentido mais literal; "que os *genii* ou espíritos que a Antiguidade chamava de deuses podem engravidar mulheres" parecia-lhe "de modo algum incrível" (*Grand Mystery*, livro 3, cap. 18, item 2).[12] Paracelso[13] pensava da mesma forma sobre os seus gnomos, ondinas, sílfides e salamandras, cujas fêmeas são ávidas por se casar com homens porque desta forma adquirem almas imortais — e também pela razão mais prosaica de que os machos de sua própria espécie eram minoria (*De Nymphis* etc.).

---

[12] Trata-se da obra *An Explanation of the Grand Mystery of Godliness; or a True and Faithful Representation of the Everlasting Gospel of our Lord and Saviour Jesus Christ* [Uma explicação do grande mistério da divindade; ou, uma representação verdadeira e fiel do Evangelho eterno de nosso Senhor e Salvador Jesus Cristo] (1660).

[13] Paracelso, pseudônimo de Philippus Aureolus Theophrastus Bombastus von Hohenheim (c. 1493–1541): médico, alquimista e filósofo suíço com influentes contribuições nos campos da toxicologia e do psicossomatismo e que introduziu diagnósticos clínicos e utilizou medicações altamente especializadas.

Wierus,[14] chegando ainda mais perto de Milton, diz-nos em seu *De Praestigiis Daemonum* que os *daimons* possuem um corpo aéreo que pode permutar à vontade entre macho ou fêmea por conta de sua substância macia e dúctil. Burton, citando Pselo,[15] tem muito a dizer sobre corpos aéreos, que "são nutridos e excretam", e "sentem dor quando feridos". Se estes corpos forem cortados "com admirável celeridade, eles se refundem". Bodinus,[16] um ávido partidário da corporeidade dos espíritos, sustenta, de acordo com Burton, que os corpos aéreos são esféricos (*Anatomy of Melancholy*, vol. 1, parte 2, seção 1, memb. 2). Henry More concorda que esta é sua forma natural, mas, julgando difícil imaginar como "tais dois amontoados de ar vivente" poderiam conversar, sugere que, para fins de relações sociais, eles temporariamente convertiam seus "veículos" em algo semelhante à forma humana (*Im. of the Soul*, liv. 3, cap. 5). Todas as autoridades parecem concordar em conferir ao corpo aéreo incrível rapidez e quase ilimitados poderes de transformação, contração e dilatação.

---

[14] Johann Weyer (1515–1588): médico, demonologista e ocultista holandês, opositor das perseguições contra supostos praticantes de bruxaria, e conhecido sobretudo por *De Praestigiis Daemonum et Incantationibus ac Venificiis* [Sobre as ilusões dos demônios e sobre magias e venenos] (1563).

[15] Robert Burton (1577–1640): acadêmico inglês, autor do tratado renascentista *A anatomia da melancolia*, publicado e republicado por Burton entre 1621 e 1638 e muito admirado por escritores dos mais diversos gêneros e épocas; Miguel Psello (1018–c. 1078): monge, cortesão, filósofo e historiador bizantino conhecido sobretudo pela *Chronographia* [Cronografia], uma história dos imperadores bizantinos entre 976–1078, com foco na caracterização dos personagens e entremeada por elementos autobiográficos.

[16] Jean Bodin (c. 1530–1596): jurista e filósofo político francês, autor, entre outras obras de política, história e religião, de *Les Six livres de la République* [Os seis livros da República] (1576) e *De la démonomanie des sorciers* [A demonomania das feiticeiras] (1580), sendo este um tratado sobre a veracidade e os perigos da magia e da bruxaria enquanto ameaça estatal.

Prefácio ao Paraíso perdido

São esses corpos que explicam o fenômeno do combate aéreo. Jamais o vi, mas no século 16 quase todos parecem tê-lo feito. "A aparição de homens armados lutando e confrontando uns aos outros no céu", de acordo com Henry More, é "bastante notória" (*Antidote against Atheism*, livro 3, cap. 12, item 7). São os "cavaleiros do ar" de *Paraíso perdido*, livro 2, v. 536, e os "feros guerreiros ígneos" de *Júlio César*, ato 2, cena 2, v. 19.[17] Mesmo um cético como Maquiavel[18] menciona com respeito a explicação espiritualista do fenômeno (*aerem plenum spiritbus et intelligentiis esse*)[19] e assevera o próprio fenômeno.

Com todas estas coisas, Milton estava, é claro, perfeitamente familiarizado. O espírito auxiliar no *Comus* é significativamente chamado de *daemon* no Trinity MS.[20] O esquema inteiro parece estar pressuposto ao longo do *Paraíso perdido*, exceto em uma passagem. Naquela única passagem (liv. 5, v. 563-76), Rafael parece adotar a visão moderna ou escolástica. Após explicar que é difícil relatar "as façanhas invisíveis/ De espíritos infensos", ele diz que irá adaptar a narrativa ao senso humano "ao parear o espírito ao corpóreo". Não estou de todo certo que *corpóreo* aqui signifique mais do que "*grosseiramente* corpóreo", "ter corpos como os nossos".

---

[17] Peça de Shakespeare escrita e encenada em 1599 sobre o assassinato do líder político romano Júlio César (100 a.C.–44 a.C.)

[18] Nicolau Maquiavel (1469–1527): filósofo, historiador, dramaturgo, poeta e diplomata italiano tido como um dos fundadores da ciência política moderna, famoso sobretudo por seu tratado *O príncipe* (1532), obra de imensa influência e no qual opera uma clara separação entre política e moral.

[19] Trecho do capítulo 56 de *Comentários sobre a primeira década de Tito Lívio* (1531): "o ar está repleto de espíritos e inteligências".

[20] Trata-se do manuscrito pertencente à biblioteca do Trinity College de Cambridge que contém, entre outros poemas, uma transcrição do *Comus* com algumas diferenças em relação à versão publicada em 1637.

A adaptação prometida por Rafael pode consistir não em descrever espíritos puros como materiais, e sim em descrever os corpos, embora estritamente inimagináveis, materiais dos anjos como se fossem completamente humanos. Mas mesmo se *corpóreo* for tomado em sentido estrito, há que se notar que Rafael meio que se afasta de sua posição antes do fim do parágrafo e dá a entender que o mundo espiritual pode ser muito mais semelhante ao terreno do que algumas pessoas (por exemplo, os filósofos escolásticos) supõem. No limite, esta passagem expressa uma hesitação da parte de Milton, paralela à sua hesitação entre os dois modelos astronômicos, uma recusa em se comprometer integralmente. Ao longo do restante do poema, a "teologia platônica" reina inconteste.

Uma vez que isso tenha sido compreendido, muitas das inconsistências que Johnson pensava ter descoberto simplesmente desaparecem. Quando Satã anima o sapo, isso não prova que ele é imaterial, e sim apenas que seu corpo sutil é capaz de penetrar um corpo mais grosseiro e se contrair em dimensões diminutas. Quando encontra Gabriel, ele se dilata. Quando não há espaço suficiente para os anjos inferiores em Pandemônio, eles se contraem. Não há nada de irrazoável em dotar os anjos de armadura; embora seus corpos aéreos não possam ser mortos (isto é, reduzidos a matéria inorgânica) porque eles se reintegram após a cisão com "admirável celeridade", eles podem sofrer danos e feridas. Um invólucro feito com algum material inorgânico adequado seria, portanto, uma proteção verdadeira. É também razoável (*PP.*, liv. 6, v. 595 em diante) que esta armadura, quando confrontada com o desconhecido ataque de artilharia, mostre-se antes um entrave do que um auxílio ao reduzir a presteza da contração, dilatação e locomoção que o corpo aéreo teria tido quando não atravancado.

Prefácio ao Paraíso perdido

Certa quantidade de pudor crítico, do qual outrora partilhei, foi suscitada pelo relato do que More chamou de "a propensão amorosa" dos Anjos de Milton (*PP.,* liv. 8, v. 618-29). O problema, creio, é que, uma vez que essas criaturas exaltadas são sempre referidas por pronomes masculinos, tendemos, de forma semiconsciente, a pensar que Milton está lhes atribuindo uma vida de promiscuidade homossexual. Que ele foi poeticamente imprudente ao levantar uma questão que convida a tais equívocos eu não nego; mas o verdadeiro sentido certamente não é obsceno, e não certamente tolo. Como anjos não morrem, eles não precisam procriar. Eles, portanto, não são sexuados de forma alguma no sentido humano. Um anjo, naturalmente, é sempre "ele" (não "ela") na linguagem humana, porque seja ou não o masculino o sexo superior, o masculino certamente é o gênero superior. Mas de fato existe entre essas criaturas, de acordo com Milton, algo que pode ser chamado de transexualidade. O impulso de amor mútuo é expresso pela completa interpenetração de dois corpos aéreos; "fundem-se inteiros" porque são dúcteis e homogêneos — mesclam-se como água e vinho, ou, antes, como dois vinhos. A ideia evade a sensualidade por vezes atribuída a Milton, porque o desejo pela união total, o desejo impossível tal como é para amantes humanos, não é o mesmo que um desejo pelo prazer. O prazer pode ser obtido; a interpenetração completa, não, e, se pudesse, seria a satisfação antes do próprio amor do que do apetite. Como observa Lucrécio, os homens buscam (e encontram) prazer na medida em que desejam: eles buscam (e não podem obter) a união total na medida em que são amantes. Suspeito que Milton tinha toda a passagem em mente.

etenim potiundi tempore in ipso
Fluctuat incertis erroribus ardor amantum

[...]
Namque in eo spes est, unde est ardoris origo,
Restingui quoque posse ab eodem corpore flammam.
Quod fieri contra totum natura repugnat
[...]
Nequiquam; quoniam nihil inde abradere possunt
Nec penetrare et abire in corpus corpore toto.
(*De Rerum Natura*, livro 4, v. 1076-1111.)[21]

E obstáculo não há, escreve Milton acerca dos anjos — indicando por contraste a tragédia, talvez a tragédia redentora, dos sentidos humanos. Certamente tais fusões angélicas, uma vez que os anjos são corpóreos, não se dão sem algum prazer; mas não devemos imaginar isso a partir dos padrões dos nossos sentidos especializados e rebeldes. Os anjos de Milton são o que se pode chamar de panorgânicos — "só um coração, cabeça, ouvido, orelha,/ Intelecto, sentidos" (*PP.*, liv. 6, v. 350-1). Enquanto os homens possuem cinco sentidos distintos, dos quais cada um recebe do mundo exterior seus estímulos peculiares e os converte em seu tipo peculiar de sensação, sendo tais sensações unidas mais tarde em uma reflexão do mundo pelo senso comum, os anjos, devemos supor, possuem uma única sensibilidade igualmente distribuída ao longo de todo o corpo aéreo e capaz de coletar *todos* aqueles estímulos que nos são fracionados pelos diferentes sentidos, e sem dúvida alguns

---

[21] Na tradução de Luís Manuel Gaspar Cerqueira (*Da natureza das coisas*, Relógio D'Água, 2015, p. 253):
"Com efeito, o ardor dos amantes flutua, na própria ocasião da posse/ [...] Na verdade, a esperança reside nisso, em a chama também/ poder ser extinta pelo mesmo corpo que a ateou/ [...] mas é em vão, porque dali/ nada podem arrancar *nem penetrar no corpo do outro ou fundir-se nele*". O grifo no último verso é de Lewis.

aos quais nenhum de nossos sentidos responde. O modo de consciência produzido por tal supersenso único é, naturalmente, inimaginável para os humanos. Podemos apenas dizer que ele facultaria uma reflexão muito mais completa e fiel do mundo exterior do que a que desfrutamos.

Espero que não se suponha que estou preparado para sustentar a angeologia de Milton enquanto ciência se sugiro que ela melhora *poeticamente* quando percebemos que foi seriamente planejada — mesmo cientificamente planejada. Não se deve abordá-la como fazemos com material científico similar em Dante. A *Commedia* combina dois projetos literários que foram há muito separados. De um lado há uma elevada e imaginativa interpretação da vida espiritual; do outro, um livro de viagens realista sobre deambulações em lugares a que ninguém jamais chegou, mas que todos criam ter uma existência literal e local. Se Dante é de certa forma o companheiro de Homero, Virgílio e Wordsworth, de outra ele é o antepassado de Jules Verne[22] e H. G. Wells.[23] Os modernos não precisam ficar chocados com isso; os ramos de "erudito" e "popular" de quase todas as artes costumam ser especializações de uma arte mais antiga e mais inteiramente humana que não era nenhuma das modalidades ou então ambas. E algo dessa velha unidade ainda paira sobre o *Paraíso perdido*. Os anjos não devem ser julgados como se fossem os deuses inventados de Keats, mas como poetizações dos

---

[22] Jules Verne (1828–1905): escritor francês considerado um dos criadores do gênero ficção científica e autor de inúmeras obras, como *Viagem ao centro da Terra* (1864), *Vinte mil léguas submarinas* (1870) e *A volta ao mundo em oitenta dias* (1872).

[23] Hebert George Wells (1866–1946): escritor britânico, autor de diversas obras de ficção científica, como *A máquina do tempo* (1895), *O homem invisível* (1897) e *A guerra dos mundos* (1898).

vislumbres que a imaginação *científica* contemporânea pensava ter alcançado de uma vida acontecendo imediatamente acima do nível humano, apesar de normalmente inacessível à observação direta. Os detalhes da alimentação de Rafael parecem inoportunos ao leitor moderno porque ele os julga como invenções gratuitas, a serem tomadas por seus méritos enquanto ficção. Todo o ponto de vista se altera se nos imaginarmos abordando a obra com uma crença já formada em tais teorias como a do corpo aéreo e curiosos para ver se o poeta irá se furtar a tais detalhes ou se triunfalmente os incluirá sem torná-los prosaicos. Quando nos deparamos com um tratamento bem-sucedido de nossa própria ciência na poesia moderna, creio que ficamos em geral satisfeitos: um futuro crítico que pensasse que as teorias de Freud e Einstein eram meras convenções poéticas — que supusesse que o poeta as produzia como as coisas mais belas e sugestivas que era capaz de inventar — provavelmente formaria um julgamento diverso e errôneo.

CAPÍTULO | 16

Adão e Eva

O Dr. Bull [...] trajava um casaco recoberto por animais heráldicos em rubro e dourado, e em seu brasão, um homem rampante.

Chesterton, *O homem que era quinta-feira*

"Adão", escreveu o Prof. Raleigh,[1] "do imo de sua inexperiência é prodigamente sentencioso." Quando primeiro li estas palavras, elas davam voz a um descontentamento com a imagem feita por Milton dos nossos pais primevos que eu sentira por muitos anos. No entanto, percebi recentemente que não gostava dela, porque esperava algo que Milton jamais tencionou fazer e que, se o tivesse feito, teria obsequiado certo gosto trivial meu, e dificilmente teria sido consistente com a estória que tinha para contar. Eu havia ido ao encontro do poema associando inocência e infantilidade. Tinha eu também uma formação evolucionista que me levou a pensar nos homens primitivos, e portanto, *a fortiori*, nos primeiros homens, como selvagens. A beleza que esperava em Adão e Eva era aquela do

---

[1] Sir Walter Alexander Raleigh (1861–1922): acadêmico, poeta e escritor inglês, autor de estudos sobre Shakespeare, Wordsworth, Samuel Johnson, entre outros. O excerto citado encontra-se no quarto capítulo de seu livro *Milton* (1900).

primitivo, do não sofisticado, do *ingênuo*. Eu esperava ver seu deleite inarticulado em um novo mundo em que soletravam letra por letra, esperava ouvi-los balbuciar. Para ser sincero, eu queria um Adão e Eva com quem eu pudesse ser condescendente; e quando Milton deixou claro que não me seria permitido fazer qualquer coisa do tipo, vi-me repelido.

Essas minhas expectativas eram decorrentes de minha recusa em "suspender minha descrença",[2] em levar a sério, ao menos até ter finalizado o poema, os pressupostos nos quais ele se baseia. A referência de Raleigh à "inexperiência" de Adão é errônea. Toda a questão sobre Adão e Eva é que, assim como nunca teriam sido velhos, se não fosse pelo pecado, eles nunca foram jovens, nunca imaturos ou subdesenvolvidos. Eles foram criados adultos e perfeitos. O Sr. Binyon compreende a abordagem correta muito melhor do que Raleigh quando faz seu Adão moribundo dizer aos filhos

> *Estas mãos flores colheram no Éden,*
> *Estes membros que vistes tão puídos*
> *E lânguidos, tão reles e tão vis,*
> *Não se expandiram como os vossos membros;*
> *Não vim ao mundo em pranto, uma criança,*
> *Muda e indefesa, nada compreendendo,*
> *Mas do êxtase de Deus, perfeito e adulto*
> *De súbito da treva despertei.*
>
> (*A Morte de Adão*)[3]

---

[2] Referência à famosa frase de Samuel Taylor Coleridge que aprega a "voluntária suspensão da descrença" como condição imprescindível da justa apreciação de um texto literário.
[3] Excerto de "The Death of Adam", longo poema de Robert Laurence Binyon (1869–1943), poeta, dramaturgo e crítico de arte inglês. O poema

Prefácio ao Paraíso perdido

Adão foi, desde o início, um homem tanto em saber quanto em estatura. Apenas ele de todos os homens "esteve no Éden, no jardim de Deus: ele andou para lá e para cá em meio ao brilho das pedras".[4] Ele foi dotado, diz Atanásio, com "uma visão de Deus tão abrangente que podia contemplar a eternidade da essência divina e as ações cósmicas de Sua Palavra".[5] Ele era "um ser celeste", de acordo com Santo Ambrósio,[6] que respirava o éter e estava acostumado a conversar com Deus "cara a cara". "Seus poderes mentais", diz Santo Agostinho, "superavam os do mais brilhante filósofo tanto quanto a velocidade de um pássaro supera a de um cágado."[7] Se tal ser existiu — e devemos presumir que sim antes de podermos ler o poema —, então o Prof. Raleigh e, ainda mais, eu mesmo, ao sermos a ele apresentados, teríamos tido um choque brutal: teríamos sido *nós* os meninos gaguejantes, incapazes de ficar parados, com o rosto enrubescido, e torcendo para que nossa falta de jeito pudesse ser desculpada por nossa ignorância. Dante acerta o alvo:

---

foi publicado em *The Death of Adam and Other Poems* [A morte de Adão e outros poemas] (1904).

[4] Citação um tanto livre e resumida de Ezequiel 28:13-14: "Estiveste no Éden, jardim de Deus; de toda a pedra preciosa era a tua cobertura: sardônica, topázio, diamante, turquesa, ônix jaspe, safira, carbúnculo, esmeralda e ouro; em ti se faziam os teus tambores e os teus ífaros; no dia em que foste criado foram preparados/ Tu eras o querubim, ungido para cobrir, e te estabeleci; no monte santo de Deus estavas, no meio das pedras afogueadas andavas."

[5] Santo Atanásio (c. 296-373): doutor da Igreja e arcebispo de Alexandria que deu importantes contribuições para a formação do cânone do Novo testamento. Sua obra mais difundida é *Vita Antonii* [Vida de Antão] (c. 360), uma hagiografia de Santo Antão (251-356).

[6] Santo Ambrósio (c. 340-397): um dos primeiros doutores da Igreja e autor de diversas obras teológicas importantes. Foi arcebispo de Mediolano e teve grande influência sobre a conversão de Santo Agostinho.

[7] Excerto de *Operis Imperfecti contra Iulianum* (liv. 5, cap. 1) (429-30).

Adão e Eva

> *E disse Beatriz, "Naquela luz*
> *A prima alma que a Prima Causa fez*
> *Co' amor contempla o Deus que lhe criou."*
> *Qual folha que ao passante vento curva*
> *Sua débil fronte e, finda a viração,*
> *Por sua própria natura se levanta,*
> *Minha fronte curvei (temor excelso*
> *sentia) à sua fala. Mas, forte anelo*
> *De co' ele falar o ânimo acendendo,*
> *Logo disse, "Ó Tu, fruto singular*
> *Que apareceste maduro e perfeito."*
>
> (*PP.*, liv. 26, v. 82-92)

O próprio Milton dá-nos um vislumbre de como teriam sido nossas relações com Adão se ele jamais houvesse caído. Ele ainda estaria vivo no paraíso, e, àquele "assento capital", todas as gerações "dos confins todos da Terra" teriam vindo periodicamente prestar-lhe homenagem (*PP.*, liv. 11, v. 342-6). A você ou a mim, quiçá uma vez na vida, teria cabido a honra quase aterrorizante de enfim chegar, após longas jornadas, preparações rituais e lentas introduções cerimoniosas, à própria presença do grande pai, pastor e imperador do planeta Tellus;[8] algo a ser rememorado por toda a nossa vida. Nenhuma crítica pertinente do Adão miltônico é possível até que o derradeiro traço do Adão *ingênuo*, simplório e infantil tenha sido removido de nossa imaginação. A tarefa de um poeta cristão ao apresentar o não caído homem primevo não é a de recuperar o frescor e simplicidade da mera natureza, mas o de desenhar alguém que, em sua solidão e nudez, há de *realmente*

---

[8] Termo em latim para o planeta Terra.

ser o que Salomão e Carlos Magno e Harune Arraxide e Luís xiv[9] desajeitada e malsucedidamente se esforçaram para imitar em tronos de marfim entre alas de espadas erguidas e debaixo de baldaquinos repletos de joias. E desde a primeiríssima visão que temos do par humano, Milton começa a fazê-lo (*PP.,* liv. 4, v. 288). Entre os animais vemos dois "de mui nobres formas", desnudos mas "em desnuda Majestade", "Senhores de tudo", refletindo "seu glorioso Criador" por meio de sua *sabedoria* e *santidade*. E a sabedoria e santidade, não apenas em Adão, mas em ambos, eram "severas" — no sentido que fala Cícero sobre um homem como *severus et gravis*;[10] isto é, elas eram como um estilo severo em música ou arquitetura, elas eram austeras, magnânimas e altivas, não remissas, nem relaxadas, nem enfeitadas — um sabor seco, atraente aos paladares aprimorados. São pessoas com quem os críticos modernos fariam bem em não tomar liberdades. Como o Prof. Raleigh (redimindo seu lapso momentâneo) indica, Adão vai ao encontro do arcanjo menos como um anfitrião do que como um embaixador (*PP.,* liv. 5, v. 350 em diante). Este tom é preservado ao longo do seu colóquio. Se pensarmos meramente em um selvagem feliz e desnudo sentado na relva, é então absurdo que Adão instigue o anjo a prosseguir porque o sol "tardará p'ra de ti ouvir a estória/ De sua origem" (*PP.,* liv. 7, v. 101-2). Esta hipérbole há de ser julgada pelos padrões de elogio exaltado de uma grande

---

[9] O rei bíblico Salomão, filho de Davi, a quem são atribuídos diversos livros da Bíblia; Carlos Magno (742-814), rei dos francos e primeiro Imperador do Sacro Império Romano-Germânico; Harune Arraxide (763-809), califa abássida associado ao início da era de ouro islâmica (séculos 8 a 13); e Luís xiv (1638–1715), monarca francês apelidado de "Rei Sol", defensor do direito divino dos reis e famoso pela frase "o Estado sou eu".
[10] Em latim no original: "severo e grave".

personagem a uma personagem ainda maior em uma ocasião de elevada festividade cortesã. De modo análogo, quando Adão modestamente deprecia seus próprios poderes como narrador e explica que toda a sua fala é apenas um artifício para reter seu hóspede divinal (*PP*, liv. 8, v. 206), espera-se que admiremos a graciosidade de sua cortesia — assim como os servos no castelo de Bercilak esperavam aprender com Gawain as "fidas frases da fala ínclita".[11]

A conduta régia de Adão é a expressão exterior de sua sobrenatural realeza terreal e de sua sabedoria. De astronomia ele é, de fato, ignorante, porque Milton não sabe se o sistema ptolomaico ou copernicano será aceitável.[12] Mas ele compreende os problemas envolvidos; sua especulação já vagueou por todo o universo criado. Ao receber a deferência dos animais, ele imediatamente "compreendeu-lhes a Natureza" e atribuiu-lhes nomes (*PP*, liv. 8, v. 352). Ele discerne por completo os mistérios da alma e é capaz de dar a Eva uma explicação detalhada sobre o fenômeno dos sonhos (*PP*, liv. 5, v. 1000 em diante). Suas "palestras" à esposa por vezes instigam o sorriso do leitor moderno, mas o gracejo é frívolo. Ele não é apenas dela o marido, ele é a suma do conhecimento e sabedoria humana que a ela responde, como Salomão respondeu à Rainha de Sabá[13] — "Adão, sacro molde terreno/ Por Deus movido".

---

[11] O trecho citado encontra-se na estrofe 50 de *Sir Gawain e o Cavaleiro Verde*. Bercilak é o verdadeiro nome do cavaleiro.
[12] No sistema proposto pelo astrônomo grego Cláudio Ptolomeu (c. 100–c. 170 d.C.), o Universo como um todo gira em torno da Terra (geocentrismo), enquanto no sistema proposto pelo astrônomo polonês Nicolau Copérnico (1473–1543), a Terra junto aos demais planetas orbitam em torno do Sol (heliocentrismo).
[13] Personagem bíblica presente em 2Crônicas 9.

Ao considerar suas relações com Eva, devemos constantemente nos lembrar da grandeza de ambos os personagens. Sua vida comum é cerimonial — um minueto, onde o leitor moderno esperava uma folia. Até se verem caídos e privados de sua majestade original, eles quase nunca se dirigem um ao outro apenas por meio de seus nomes, mas por faustosas perífrases: *bela consorte, meu autor e regente, filha de Deus e do homem, perfeita Eva, Ó tu em quem repouso o meu pensar*. Isso é ridículo? Ao menos é bem menos ridículo do que formalidades semelhantes entre criaturas *caídas* na própria época de Milton, quando maridos e esposas ainda se tratavam por *milorde* e *madame*, ou *meu senhor* e *minha senhora* e a toalete matinal de um rei francês era um ritual. Talvez isso não seja nada ridículo se pudermos fazer a suposição inicial de que a realidade a partir da qual todas estas cortesias se tornaram simulacros desde a Queda estava presente no Éden. Este régio casal podia viver inteiramente no grande estilo.[14] Eles proferiam versos nobres *extempore* (*PP.*, liv. 5, v. 150).[15]

Esta realeza é menos aparente em Eva, em parte por ser ela de fato inferior a Adão, em sua dúplice capacidade de esposa e súdita, mas em parte, creio, porque sua humildade é frequentemente incompreendida. Ela se julga mais afortunada que ele por ter *Adão* como companheiro enquanto ele "Símil consorte nunca vais achar" (*PP.*, liv. 4, v. 448), e obedece aos seus comandos "sem contestação" (*PP.*, liv. 4, v. 635-6). Isto é humildade e, na visão de Milton, fazer-se

---

[14] No original, "*grand manner*", estilo tido por adequado para lidar com assuntos nobres e solenes. No âmbito específico da pintura, trata-se de um estilo vinculado à representação de temas e personagens históricos de modo formal e imponente, estando muitas vezes associado ao francês Nicolas Poussin (1594–1665).
[15] "No ato; sem preparação".

humilde. Não esqueçamos, porém, que é a Adão que ela se dirige; uma amante ao amado, uma esposa ao marido, a rainha da terra ao rei. Muitas mulheres apaixonadas, muitas esposas, talvez muitas rainhas, em algum momento disseram ou pensaram tais coisas. Pórcia quisera que, por Bassânio, ela pudesse ser triplicada "por vinte vezes./ Mil vezes mais bela, dez mil vezes mais rica", e objeta que, como as coisas são, "sua soma completa/ É soma vazia", "uma garota sem instrução".[16] Isso é linda e sinceramente dito. Mas devo sentir piedade pelo homem comum, tal como eu, que foi conduzido por este discurso ao flagrante erro de adentrar Belmonte e se comportar como se Pórcia realmente *fosse* uma garota sem instrução. A fronte de um homem fica vermelha ao pensar nisso. Ela pode falar dessa forma com Bassânio, mas é melhor que *nos* lembremos de que estamos a lidar com uma grande dama. Tendo a pensar que os críticos incorrem por vezes no mesmo erro quanto a Eva. Nós a vemos se prostrar em espírito diante de Adão — tal como um imperador se ajoelha diante de um papa, ou uma rainha faz reverência a um rei. Devemos apenas pensar que, se você e eu pudéssemos adentrar o Éden de Milton e encontrá-la, haveríamos de muito rapidamente aprender o que é falar com a "Dama universal".[17] Mesmo Satã, após qualificá-la como "não terrível", vê-se constrangido a acrescentar "embora o seja Amor/ E beleza, livre de ódio mais fundo" (*PP.*, liv. 9, v. 490-1). Mesmo para Adão, embora ela tenha sido "tão ornada p'ra seu deleite", ela também era "tão *formidável* p'ra que co' honra a ame" (*PP.*, liv. 8, v. 577, grifo meu). Não se trata de forma alguma, como se vê, de um menino e uma menina espojando-se em uma ribanceira;

---

[16] Excertos de *O mercador de Veneza*, ato 3, cena 2, v. 156-62.
[17] *PP.*, liv. 9, v. 612.

mesmo para ele, há em Eva aquilo que instiga deferência, a possibilidade de *Daungier*.[18] O anjo a saúda mais cerimoniosamente do que Adão. Ela se posta imperturbável diante dele — uma grande senhora fazendo as honras de sua própria casa, a matriarca do mundo. Seu esplendor, e um certo alheamento nela, vivem em algumas das expressões mais memoráveis de Milton: "com doce e austera compostura disse" ou "a quem a virgem majestade de Eva".[19] Virgem, isto é, em majestade; não, no momento a que as palavras se referem, em corpo, e jamais virginal no sentido de ser imatura. A ignorância virginal jamais existiu em Eva; na primeira meia hora de sua vida, ela compreendeu o teor da corte de Adão. Ela até mesmo a compreendeu em todas as suas consequências; não se pode presumir seu consentimento, nem, por outro lado, seria necessário dobrá-la à metafísica de Donne sobre a alma e o corpo em assunto tão natural, embora este não possa ser tomado por certo: "ela Honra conhecia" (*PP.*, liv. 8, v. 508). Ela é capaz de partilhar dos interesses especulativos de Adão. A marca deixada pela arte nas belezas do paraíso é mormente dela, "a mão de Eva" (*PP.*, liv. 9, v. 438).

---

[18] Termo proveniente do francês arcaico que se refere ao poder que uma mulher é capaz de exercer sobre um homem que se encontra sexualmente atraído por ela. Em *Aquela fortaleza medonha*, terceira e última parte da *Trilogia cósmica* (trad. de Carlos Caldas, Thomas Nelson, 2022, p. 708) de Lewis, lemos: "Mas o seu problema é o que os antigos chamavam de *Daungier*. Nós chamamos de orgulho".

[19] Trata-se, respectivamente, de *PP.*, liv. 9, v. 272 e 270.

CAPÍTULO 17

Sexualidade não caída

Há dubiez de que em tal aprazimento
Tenham se amado com lascivo intento;
Co' isso ninguém se espanta, mas devia,
Pois grã beleza neles dous havia

Lyndsay, *Ane Dialog*[1]

Milton e Santo Agostinho estão de acordo ao contrastar a sexualidade caída que agora conhecemos, e que é condicionada pela desobediência de nossos membros, com uma sexualidade não caída. Para Santo Agostinho, contudo, a sexualidade não caída é puramente hipotética: ao descrevê-la, ele está descrevendo como o ato geracional *teria sido* antes da Queda, mas

---

[1] David Lyndsay (1490–1555): poeta e oficial de armas escocês, autor, entre outros, do longo poema didático *Ane Dialog Betuix Experience and Ane Courteour, or The Monarche* [Diálogo entre experiência e um cortesão, ou a monarquia] (1552), uma história universal que abrange das origens do sofrimento humano ocasionado pela sua expulsão do paraíso até o juízo final e a subsequente renovação de céus e terra. Foi deste mesmo poema que Lewis tirou o título de *Aquela fortaleza medonha* (1945).

ele não pensa que isso sequer ocorreu. Milton assevera que sim.

Esta diferença não é muito importante, uma vez que não há, para Santo Agostinho, qualquer razão pela qual tal coisa não deveria ter ocorrido. Muito mais pertinente é comentário do santo em sua discussão a respeito do assunto: "Falamos sobre algo que é *agora* motivo de vergonha; portanto, embora conjecturemos o melhor que conseguimos como isso teria sido antes de se tornar vergonhoso, é sobremodo necessário que nosso discurso seja antes refreado pela modéstia do que auxiliado pela eloquência. Falo de uma coisa que unicamente os dois que a poderiam ter experienciado jamais o fizeram: como então, quando a isso se faz menção *agora*, tal coisa pode ser apresentada à fantasia humana exceto sob a forma da túrbida lascívia que provamos e não da volição tranquila que conjecturamos?" (*De Civitate Dei*, livro 14, cap. 26). Esta foi uma advertência para Milton sobre o perigo de se aventurar em uma representação poética de algo inimaginável, não no sentido de não suscitar imagens, mas no sentido mais desastroso de inevitavelmente suscitar as imagens erradas. Esta advertência ele desafiou. Ele ousou representar a sexualidade paradisíaca. Não consigo me decidir se foi sábio de sua parte.

A dificuldade assoma em sua forma mais aguda quando a Eva de Milton exibe modéstia sexual. Seu impulso ao primeiro encontrar Adão é retroceder (*PP.*, liv. 8, v. 507); ela é conduzida ao caramanchel nupcial "corando feito a aurora" (*PP.*, liv. 8, v. 511); ela se rende aos abraços do amante com "doce e revel vagar amoroso" (*PP.*, liv. 4, v. 311). Milton aqui se vê em um apuro. Para leitores posteriores à Queda, tais cenas serão dificilmente agradáveis se Eva for representada como de todo destituída de modéstia; por outro lado, a vergonha do corpo e das operações corpóreas é apanágio do pecado e não tinha lugar no tempo da inocência. A defesa do tratamento miltônico deve consistir na distinção entre a vergonha corporal como ora a conhecemos e algum tipo de acanhamento ou modéstia que pode ser concebida como existente antes da Queda. Coleridge vai muito longe nessa direção quando escreve: "É possível conceber um estado tão puro de conduta que a linguagem de Hamlet aos pés de Ofélia pode ser um inofensivo reavivamento ou lúdica instigação de uma vergonha que existiria no Paraíso" (*Lectures and Notes of 1818. Section VII: on Beaumont and Fletcher* [Palestras e Notas de 1818. Seção 7: Sobre Beaumont e Fletcher]).[2]

Parece-me que podemos, de fato, fazer tal distinção. As pessoas coram diante de louvores — não apenas louvor de seus corpos, mas louvor de qualquer coisa que seja delas. A maior parte das pessoas demonstra algum tipo de modéstia ou acanhamento, ao menos no começo, ao receber qualquer afirmação direta da afeição de outro ser humano por elas, mesmo que aquela afeição não esteja em nada relacionada ao sexo ou ao corpo. Ser *valorizado* é uma experiência que envolve um curioso tipo de autoconsciência. O sujeito se vê subitamente compelido a se lembrar de que é igualmente um objeto, e, ao que parece, um objeto levado atentamente em consideração: portanto, em uma mente bem-ordenada, sentimentos de desprezo e ansiedade, mesclados ao deleite, brotam. Parece haver uma nudez espiritual, assim como física, temerosa de ser vista como feia, envergonhada ao ser

---

[2]Trata-se de um excerto do ensaio "Notes on Beaumont and Fletcher" [Notas sobre Beaumont e Fletcher], que integra o livro *Coleridge's Essays and Lectures on Shakespeare and Some Other Old Poets and Dramatists* [Ensaios e palestras de Coleridge sobre Shakespeare e alguns outros poetas e dramaturgos antigos] (J. M. Dent & Sons, 1914, p. 205).

vista até mesmo como amável, relutante (mesmo quando não *amorosamente* relutante) em ser sequer *vista*. Se é isto o que queremos dizer com vergonha, talvez possamos concluir que havia vergonha no paraíso. Podemos, creio, ir além e supor que mesmo sem a Queda, o amor sexual teria incitado esse tipo de vergonha em um grau especialmente forte; pois no amor sexual, o sujeito se vê completamente forçado a perceber que é um objeto. Mas este é basicamente o nosso limite. Toda aquela parte de vergonha especialmente conectada ao corpo, dependente de uma ideia de indecência, deve ser completamente excluída. E não penso que ela possa ser excluída enquanto lemos Milton. Sua Eva demonstra modéstia de forma exclusiva em contextos sexuais, e seu Adão sequer a demonstra. Há até mesmo uma sugestão forte e (em tais circunstâncias) bastante ofensiva da vergonha corporal feminina como um incentivo ao desejo masculino. Não quero dizer que as passagens amorosas de Milton são questionáveis com base nos padrões humanos normais; mas elas não são consistentes com o que ele mesmo crê acerca do mundo anterior à Queda.

Talvez isso fosse inevitável, mas, se assim foi, o poeta não deveria sequer ter tocado no tema. Posso conceber uma abordagem bem-sucedida. Creio que se Dante houvesse escolhido retratar tal coisa, ele poderia ter tido êxito — poderia ter nos convencido de que nossos pais primevos não viviam em virgindade e ainda assim evitado as falsas associações que Milton suscita. É concebível que o próprio Milton poderia ter tido êxito se não tivesse dito nada sobre o amor angélico e tratado os amores de Adão e Eva de forma tão vaga e misteriosa como os dos anjos. Mesmo uma declaração (e quem poderia ter escrito uma melhor?) de que então se aproximava do inimaginável, a despeito de qual abordagem de fato sucedesse aquela declaração, muito teria contribuído para salvá-lo. O problema é que o poeta mal parece consciente da magnitude de seu próprio empreendimento. Ele parece pensar que por ter usado duas vezes a palavra *misterioso* nesta conexão (*PP*, liv. 4, v. 743, e 8, v. 599), ele desculpa suas imagens bem pouco misteriosas — ou então esperar que quando escreve "parte do peito dela/ Desnudo o dele achou", seremos capazes de, sem outro auxílio, prover a Adão uma experiência muito semelhante e totalmente dessemelhante a qualquer coisa que um homem caído poderia possivelmente sentir!

Newman[3] se queixou de que Milton tratou nossos pais primevos com intolerável liberdade. Trata-se do oposto da acusação moderna de que ele os torna desumanos. E é a mais bem embasada das duas.

---

[3] John Henry Newman (1801–1890): teólogo, acadêmico, filósofo, poeta e sacerdote inglês convertido ao catolicismo que veio a ser canonizado em 2019. Dentre sua vasta produção intelectual, destacam-se *An Essay on the Development of the Christian Doctrine* [Ensaio sobre o desenvolvimento da doutrina cristã] (1845) e sua autobiografia religiosa *Apologia Pro Vita Sua* [Defesa da própria vida] (1864).

CAPÍTULO 18

A Queda

Se você pegar um maço de cartas tal como ele vem do criador e embaralhá-lo por alguns minutos, qualquer vestígio da sistemática ordem original desaparece. A ordem jamais retornará, não importa o quanto você embaralhe. Embaralhar é a única coisa que a Natureza é incapaz de desfazer.

Eddington, *A natureza do mundo físico*, cap. 4[1]

Eva caiu pelo orgulho. A serpente primeiro lhe diz que ela é muito bela, e então que todas as coisas viventes a estão mirando e venerando (*Paraíso Perdido*, livro 9, v. 532-41). Em seguida a serpente começa a fazê-la "julgar-se lesada". Sua beleza carece de espectadores. O que é um só homem? Ela deve ser venerada e servida por anjos: ela seria rainha do céu se todos tivessem seus direitos (*PP.*, liv. 9, v. 542-8). Deus está tentando manter submissa a raça humana: a divindade é seu verdadeiro destino (v. 703, 711), e é na divindade que ela pensa ao comer (v. 790). As consequências de sua

---

[1] Sir Arthur Stanley Eddington (1882–1944): astrofísico britânico, autor de diversos livros científicos e divulgador pioneiro da Teoria Geral da Relatividade de Albert Einstein (1879–1955) no mundo anglófono. *The Nature of the Physical World* [A natureza do mundo físico] foi publicado em 1928.

Queda começam de imediato. Ela pensa que a terra que está muito distante do céu e que Deus talvez não a tenha visto (v. 811-16); a sina do desatino já está em ação. Em seguida ela decide que não contará a Adão sobre o fruto. Ela irá explorar o segredo para se tornar sua igual — ou então, ainda melhor, sua superior (v. 817-25). A rebelde já tem a tirania em mira. Mas logo ela se lembra de que o fruto pode, no fim das contas, ser mortífero. Ela decide que, se for morrer, Adão deve morrer com ela; é intolerável que ele deva ser feliz, e feliz (quem há de saber?) com outra mulher quando ela tiver partido. Não estou certo de que os críticos sempre tomam nota do pecado específico que Eva agora comete, embora não haja qualquer mistério sobre isso. Seu nome em português é assassínio. Se o fruto for capaz de conferir deidade, Adão não deve ter acesso a ele: ela deseja monopolizar a divindade. Mas se o fruto quer dizer morte, então Adão tem de comê-lo, para que possa morrer — por esta razão e nenhuma outra, como suas palavras deixam perfeitamente claro (v. 826-30). E, mal tendo tomado essa resolução, ela já se parabeniza por isso, como prova singular da ternura e magnanimidade do seu amor (v. 830-3).

Se o movimento preciso da mente de Eva nesse ponto nem sempre é percebido, isso se dá porque a fidelidade de Milton à natureza é aqui quase grande demais, e o leitor se vê envolvido na mesma ilusão que a própria Eva. Tudo é tão rápido, cada novo elemento de insensatez, malícia e corrupção adentra de forma tão desobstruída, tão natural, que é difícil perceber que estamos assistindo à gênese do assassínio. Esperamos algo mais próximo do "removei-me o sexo" de Lady Macbeth.[2] Mas Lady Macbeth fala deste jeito após a intenção de assassínio estar inteiramente formada em sua mente. Milton chega mais

---

[2] *Macbeth*, ato 1, cena 5, v. 39.

perto do momento preciso de decisão. É desse jeito, e não de outro, que a mente se volta para o mal. Nenhum homem, talvez, jamais descreveu para si mesmo o ato que estava a ponto de cometer a princípio como assassínio, ou adultério, ou fraude, ou traição, ou perversão; e quando o ouve assim descrito por outrem, ele fica (de certa forma) sinceramente chocado e surpreso. Aqueles outros "não compreendem". Se soubessem como as coisas de fato se passaram com ele, não usariam aqueles rudes nomes "prontos". Com uma piscadela ou um risinho, ou em uma nuvem de emoção turva, a coisa foi se apropriando de sua vontade como algo não muito extraordinário, algo de que — se corretamente entendido e no âmbito das suas circunstâncias altamente peculiares — ele poderia até mesmo sentir orgulho. Se você ou eu, leitor, um dia cometermos um grande crime, esteja certo de que haveremos de nos sentir muito mais como Eva do que como Iago.

Ela ainda tem uma descida mais profunda a realizar. Antes de deixar a árvore, ela faz uma "funda Mesura" diante dela "como se ao poder que nela habita", e assim completa o paralelo entre sua queda e a de Satã. Ela, que pensava ser indigno se curvar ante Adão ou Deus, agora venera um vegetal. Ela se tornou, enfim, "primitiva" no sentido popular.

Adão caiu pela submissão. Não vemos sua decisão se formando como vemos a de Eva. Antes de falar com ela, pela metade do seu monólogo (v. 896-916), descobrimos que a decisão já foi tomada — "contigo/ Sigo convicto para a Morte certa". O pecado dele, naturalmente, tem a intenção de ser menos ignóbil que o dela. Sua seminobreza é, talvez, enfatizada pelo fato de que ele não discute acerca disso. Ele se encontra naquele momento em que a única resposta possível de um homem para tudo que o restringiria é "Eu não me importo"; aquele momento em que decidimos tratar algum valor inferior ou parcial como absoluto — lealdade a um partido ou à família, fidelidade a um amante, os costumes da boa camaradagem, a honra de nossa profissão, ou as reivindicações da ciência. Se o leitor acha difícil considerar a ação de Adão sequer como pecado, isso se dá porque ele não está verdadeiramente admitindo as premissas de Milton. Se o amor conjugal fosse o valor mais elevado no mundo de Adão, então certamente sua resolução teria sido a correta. Mas se há coisas dotadas de uma reinvindicação ainda mais alta sobre o homem, se o universo for imaginado de tal forma que, quando surge um aperto, um homem deve rejeitar sua esposa e mãe e também sua própria vida, então o caso se altera, e então não há bem que Adão possa fazer a Eva (como de fato ele não o faz) ao se tornar seu cúmplice. O que teria acontecido se em vez da sua "má complacência" Adão tivesse repreendido e mesmo castigado Eva e então intercedido junto de Deus em favor dela não nos é dito. A razão pela qual isso não nos é dito é porque Milton não sabe. E penso que ele sabe que não sabe: ele cautelosamente diz que a situação "*parecia* irremediável" (v. 919). A ignorância não é insignificante. Nós vemos os resultados de nossas ações, mas não sabemos o que teria acontecido se tivéssemos nos abstido. Por tudo que Adão sabia, Deus poderia ter outras cartas em sua mão; mas Adão jamais formulou a pergunta, e agora ninguém jamais saberá. Bens rejeitados são invisíveis. Deus talvez teria matado Eva e deixado Adão "naquelas ermas Matas bravias": talvez, se o homem houvesse preferido a honestidade à lealdade partidária ou a moral estabelecida ao adultério, um amigo poderia ter sido arruinado ou dois corações partidos. Mas então, mais uma vez, quiçá não fosse o caso. Só é possível descobrir pela tentativa. A única coisa que Adão sabe é que precisa resistir, e ele não o faz. Os efeitos da Queda sobre ele são bastante diversos dos efeitos sobre a mulher. Ele acorreu de imediato ao falso sentimento que fez o próprio assassínio parecer uma prova de sensibilidade refinada. Adão, após comer o fruto, vai na direção oposta. Ele se torna um homem do mundo, um trocadilhista, um aspirante à mofa esmerada. Ele elogia Eva por seu paladar e diz que a verdadeira fraqueza do paraíso é que nele há muito poucas árvores proibidas. O pai de todos os brilhantes esbanjadores epigramáticos e a mãe de todas as romancistas corruptoras estão ambos agora diante de nós. Como notaram os críticos, Adão e Eva "tornam-se humanos" nesse momento. O que se segue, infelizmente, é um dos malogros de Milton. Eles, é claro, agora precisam ansiar lascivamente um pelo outro. E, é claro, este anseio deve ser bastante distinto dos desejos inocentes que Milton atribui às suas relações não caídas. Inteiramente novo, e perversamente delicioso, um travo de maldade no sexo agora adentra a experiência deles. O que irá se revelar como a penúria da vergonha ao acordar vem então até eles (que estão se tornando "sapientes", "peritos no gosto") como a deleitosa descoberta de que a obscenidade é possível. Mas seria a poesia suficiente para traçar tal distinção? Certamente não a de Milton. Seu catálogo homérico das flores erra feio o alvo. Alguma coisa, contudo, ele faz. O cálculo hedonista de Adão — sua fria afirmação de que nunca (exceto quiçá uma vez) esteve tão maduro para "brincar" como agora — toca a nota certa. Ele não teria dito isso antes de sua queda. Talvez ele não teria dito "para gozar-te".[3] Eva está se tornando para ele uma *coisa*. E ela não se importa: todos os seus sonhos de divindade deram nisso.

---

[3] *PP.*, liv. 9, v. 1032.

CAPÍTULO 19

Conclusão

Na guerra ou no esponsal,
Sabei quem vos quer mal.

Ball, *Letter*[1]

O propósito destas palestras foi sobretudo o de "obstar obstáculos" à apreciação do *Paraíso perdido*, e a crítica apreciativa de minha parte foi incidental. Nesta seção, ofereço uma brevíssima estimativa do valor do poema como um todo.

Ele sofre de uma grave falha estrutural. Milton, assim como Virgílio, embora contando uma estória sobre o passado remoto, deseja que nossas mentes sejam levadas para os resultados posteriores daquela estória. Mas ele faz isso com menos destreza do que Virgílio. Não contente em seguir seu mestre no uso de profecias, alusões e reflexões ocasionais, ele transforma seus últimos dois livros em breve esboço da

---

[1] John Ball (c. 1338–1381): pároco inglês que teve importante atuação na Revolta Camponesa de 1381. Embora inicialmente retratado de forma depreciativa na literatura, a partir do século 19 Ball se tornou uma espécie de herói para radicais e revolucionários, aparecendo inclusive no romance *A Dream of John Ball* [Um sonho de John Ball] (1888), de William Morris. O excerto aqui citado provém de cartas atribuídas a Ball presentes nos escritos do cronista inglês Thomas Walsingham (?–c. 1422).

história sagrada desde a Queda até o Último Dia. Tamanha protuberância não transmutada de futuridade, surgindo em uma posição tão momentosa para o efeito estrutural de toda a obra, é inartística. E o que o torna ainda pior é que a própria escrita nessa passagem é curiosamente ruim. Há bons momentos, e uma grande recuperação bem no final. Mas vez após outra, ao lermos seu relato acerca de Abraão ou do Êxodo ou da Paixão, vemo-nos dizendo, tal como disse Johnson sobre a balada, "a estória não pode ser contada de uma maneira que há de causar menos impressão na mente".[2] Nessas frases secas e desajeitadas, é tentador ver a nêmesis daquela maneira hierática que defendi ou então daquelas heresias que declarei não ter influência. Mas haveremos de depravar nosso senso de evidência se cedermos à tentação. Se tais coisas bastassem para tornar a escrita fastidiosa, o poema inteiro teria sido fastidioso, pois elas lá estavam desde o princípio. Se nos fiarmos no que sabemos, devemos nos contentar em dizer que o talento de Milton temporariamente lhe frustrou, assim como o talento de Wordsworth lhe frustrou mais tarde na vida. O Sr. Yeats, em sua introdução ao *Oxford Book of Modern Verse*, diz que "não fosse por uma falha de talento", ele teria feito parte da escola "de Turner e Dorothy Wellesley".[3] Isto é bom senso; ele não tenta explicar

---

[2] Trecho extraído do capítulo sobre Joseph Addison em *Lives of the Most Eminent English Poets* [A vida dos mais eminentes poetas ingleses], de Samuel Johnson. A balada em questão é *The Ballad of Chevy Chase* [A balada de Chevy Chase], poema de extração popular que retrata um episódio de caça na fronteira anglo-escocesa. Admirada por importantes homens de letras ingleses como Sir Philip Sidney e Joseph Addison, o primeiro registro impresso da balada data do século 16.
[3] Lewis se refere ao *Oxford Book of Modern Verse: 1892–1935* [Antologia Oxford de poesia moderna: 1832–1935], antologia poética organizada

a falha. A verdade é que quase nada sabemos sobre as causas que regem a aparição e a desaparição de um talento. Talvez Milton estivesse mal de saúde. Talvez, estando velho, cedeu a uma impaciência natural, embora desastrosa, para finalizar a obra. E uma vez que escrevia em uma maneira demasiado nova, ele provavelmente não pôde contar com críticas proveitosas — ninguém para lhe dizer que o estilo desses últimos livros possuía apenas uma semelhança superficial com o do seu apogeu épico.

Em segundo lugar, a apresentação de Deus Pai feita por Milton sempre foi percebida como insatisfatória. Aqui novamente é fácil ir fundo demais atrás das causas. Tenho muitas dúvidas se a falha se deve aos defeitos religiosos de Milton ou se ela consiste mormente em nos oferecer uma deidade fria, impiedosa ou tirânica. Muitos dos que dizem não gostar do Deus de Milton querem apenas dizer que não gostam de Deus: soberania infinita *de jure*, combinada com poder infinito *de facto*,[4] e um amor que, por sua própria natureza, abarca também a ira — não é apenas na poesia que tais coisas escandalizam. Por certo, homens melhores do que Milton escreveram

---

pelo irlandês William Butler Yeats (1865–1939), um dos grandes nomes da poesia de língua inglesa do início do século 20. Entre os diversos poetas antologizados encontram-se Walter James Turner (1884–1946), crítico e poeta australiano muito elogiado por Yeats, embora lembrado hoje sobretudo por suas biografias de compositores como Mozart, Beethoven e Berlioz; e Dorothy Wellesley (1889–1956), poeta e editora inglesa também muito admirada por Yeats e de quem ele foi bastante próximo em seus anos finais.
[4] A expressão latina *de jure* quer dizer "pela lei" ou "pelo direito", em oposição a *de facto*, cujo sentido é "na prática" ou "de fato". A combinação das duas, *de jure et de facto*, é utilizada em situações jurídicas nas quais há circunstâncias que são reconhecidas tanto em termos formais quanto práticos (por exemplo, um presidente reconhecidamente eleito que exerce efetivamente sua autoridade).

melhor do que Milton acerca de Deus; mas o escândalo de sua concepção não se deve inteiramente aos seus defeitos. Ademais, creio que o escândalo de sua apresentação não é inteira, nem mesmo principalmente devido à sua própria concepção. As falhas teológicas (como quer que as avaliemos) não seriam poeticamente desastrosas se Milton tivesse apenas demonstrado maior prudência poética. Um Deus, teologicamente falando, muito pior que o de Milton, escaparia de críticas se fosse feito apenas suficientemente temível, misterioso e vago. Quando o poeta se contenta em sugerir, nossos escrúpulos teológicos são lançados aos ventos. Quando lemos

> *Dele em torno do Céu as Santidades*
> *Constelavam-se, e por vê-lo obtinham*
> *Beatitude inefável.*

(*Paraíso perdido*, livro 3, v. 60-2)

ou

> *Surgem tuas orlas com grão brilho umbrosas*

(*PP.*, liv. 3, v. 380),

calamo-nos. É quando o Filho se curva sobre o cetro dele, ou quando o Pai entretém os anjos com "rúbeo Néctar" servido "em Pérola, Diamante e Ouro espesso", que nos desagradamos.[5] Milton falhou em se desenredar da má tradição (vista em seu pior na *Cristíada* de Vida[6] e no seu melhor na *Gerusalemme liberata*) que busca tornar o céu demasiado

---

[5] *Paraíso perdido*, livro 5, v. 633-4.
[6] Poema épico sobre a vida de Cristo de autoria do poeta italiano Marco Girolamo Vida (1485–1566).

semelhante ao Olimpo. São esses detalhes antropomórficos que fazem o riso divino soar meramente rancoroso, e as reprimendas divinas, queixosas; que eles não precisavam soar desta forma, mostram Dante e os profetas hebraicos.

Ao retratar o Messias, Milton é muito mais bem-sucedido. Algumas objeções aqui baseiam-se em equívocos. As pessoas reclamam que o Messias dele não se parece com o Cristo dos Evangelhos. Mas é claro que ele não deve parecer. Milton não está escrevendo sobre o Senhor encarnado, mas sobre as operações cósmicas do Filho. O "semblante austero de se mirar" (*PP.*, liv. 6, v. 825) está, de fato, representado por inteiro nos Evangelhos também; mas a escala e o modo de operação são necessariamente diversos. Devo francamente confessar, contudo, que apenas em tempos recentes vim a apreciar a guerra no céu em seu verdadeiro valor. A única preparação para isso, em nossos dias, é ler o prefácio do Sr. Williams.[7] Ao passar daquele exemplar notável de crítica para a releitura dos livros 5 e 6, foi como ver, enfim adequadamente limpa, uma imagem que julgávamos conhecer por toda a vida. A partir de uma compreensão adequada de Satã, chegamos a reconhecer a verdadeira natureza da resposta que Satã instiga do céu, e o grandioso sucesso com que Milton retratou sua espantosa majestade. Naturalmente, é preciso compreender que não há qualquer guerra entre Satã e Cristo. Há guerra entre Satã e Miguel; e mais do que vencida, ela é interrompida, por intervenção divina. A crítica de que a guerra no céu é desinteressante porque sabemos de antemão como ela terminará parece fora de propósito. Na medida em que se trata de uma

---

[7] O prefácio de Charles Williams a *The Poetical Works of Milton* (World's Classics, 1940).

guerra, nós não sabemos como terminará; ou melhor, o Deus de Milton diz que ela jamais terminará (*PP.*, liv. 6, v. 693).

A muitos parece que essa falha — mesmo que seja uma falha parcial — quanto ao Deus de Milton destrói o *Paraíso perdido* enquanto poema religioso. E penso ser bastante verdade que em alguns sentidos bastante importantes não se trata de um poema religioso. Se um leitor cristão sentiu sua devoção estimulada pela leitura dos hinos medievais ou de Dante ou Herbert[8] ou Traherne, ou mesmo por Patmore ou Cowper,[9] e se volta em seguida para o *Paraíso perdido*, ele ficará desapontado. Quão frio, quão pesado e superficial tudo lhe parecerá! Quantos cobertores parecem estar interpostos entre nós e nosso objeto! Mas não estou certo de que o *Paraíso perdido* foi pensado como um poema religioso no sentido sugerido, e estou certo de que não precisa sê-lo. É um poema que retrata o padrão objetivo das coisas, a tentativa de destruição daquele padrão pelo amor-próprio rebelde, e a triunfante absorção daquela rebelião em um padrão ainda mais complexo. A estória cósmica — o *enredo* definitivo do qual todas as demais estórias são episódios — está posta diante de nós. Somos convidados, por enquanto, a mirá-la do lado de fora. E isso não é, em si mesmo, um exercício religioso. Quando nos lembramos de que também temos nosso lugar

---

[8] George Herbert (1593–1633): poeta, orador e sacerdote da Igreja da Inglaterra. Sua poesia está associada à dos poetas metafísicos ingleses e reconhecida por seu caráter devocional.

[9] Coventry Patmore (1823–1896): poeta e crítico literário inglês, famoso sobretudo por seu longo poema lírico-narrativo *The Angel in the House* [O anjo do lar] (1854–1862), intimamente associado ao ideal vitoriano de feminilidade; William Cowper (1731–1800): poeta inglês e compositor de hinos anglicanos, tido como um dos precursores da poesia romântica ao introduzir cenas da vida cotidiana em sua poesia.

nesse enredo, de que nós também, em qualquer momento, estamos nos movendo rumo à posição messiânica ou rumo à satânica, então adentramos o mundo da religião. Ao fazermos isso, porém, nossas férias épicas chegam ao fim: nós acertadamente silenciamos nosso Milton. Na vida religiosa, o homem encara Deus e Deus encara o homem. Mas na épica se finge, momentaneamente, que nós, enquanto leitores, podemos nos afastar e ver os semblantes tanto de Deus como do homem de perfil. Não somos convidados (como Alexander[10] teria dito) a *apreciar* a vida espiritual, mas a *contemplar* todo o padrão dentro do qual a vida espiritual surge. Fazendo uso de uma distinção de Johnson, podemos dizer que o assunto do poema "não é a piedade, mas os motivos que a ela conduzem".[11] A comparação com Dante pode ser enganadora. Sem dúvida, Dante é, em muitos aspectos, simplesmente melhor poeta do que Milton. Mas ele também está fazendo outro tipo de coisa. Ele está contando a estória de uma peregrinação espiritual — o modo como uma alma se saiu em sua passagem através do universo e como todos podem temer e ter esperança de sobreviver. Milton nos dá a estória do próprio universo. Portanto, deixando de lado qualquer superioridade da arte ou espiritualidade de Dante (e livremente admito que ele é com frequência superior em ambas), a *Comédia* é um poema

---

[10] Samuel Alexander (1859–1938): filósofo britânico nascido na Austrália e autor, entre outros, de *Space, Time, and Deity* [Espaço, tempo e divindade], obra que Lewis parece ter lido nos anos 1920 e na qual se encontra a distinção entre *enjoy* [apreciar] e *contemplate* [contemplar] aqui referida.

[11] Excerto do capítulo sobre Edmund Waller em *Lives of the English Poets: Waller, Milton, Cowley* [A vida dos poetas ingleses: Waller, Milton e Cowley] (Cassell & Company, 1891), que integra a obra *Lives of the Most Eminent English Poets* [A vida dos mais eminentes poetas ingleses] de Samuel Johnson.

Prefácio ao Paraíso perdido

religioso, uma expressão poética da experiência religiosa, o que não é o caso do *Paraíso perdido*. Uma falha no derradeiro canto do *Paraíso* [de Dante] seria desastrosa porque o próprio Dante está olhando para Deus e nos convidando a olhar com ele. Milton, porém, tem apenas de descrever como os anjos e Adão olhavam para Deus; e um símbolo teologicamente inadequado para Deus não arruinaria o esquema todo — assim como em alguns quadros religiosos de grande tamanho pode se dar que a posição do Cristo tenha mais importância do que o próprio desenho do rosto dele. Certamente o desenho do rosto pode vir a ser tão ruim que não conseguiríamos ignorá-lo, e, de modo semelhante, o Deus de Milton pode vir a ser tão ruim a ponto de estragar todo o padrão do qual ele é o centro. Mas não creio que ele seja tão ruim (ou sequer próximo de tão ruim) assim.

Feitas estas ressalvas, creio que o caso do *advocatus diaboli*[12] contra o *Paraíso perdido* está completo. Sua estória, tal como tratada por Milton, cumpre as condições de uma grande estória melhor talvez do que qualquer outra, pois, mais do que qualquer outra, as coisas não permanecem o que eram. O fecho da *Ilíada*, e talvez mesmo o da *Eneida*, não é realmente final: coisas desse tipo voltarão a acontecer. Mas o *Paraíso perdido* registra um processo real, irreversível e irrepetível na história do universo; e mesmo para aqueles que nisso não creem, ele dá corpo (no que *para eles* é forma mítica) à grande mudança em cada alma individual da dependência feliz para a desventurada autoafirmação e daí para, como em Satã, o isolamento definitivo, ou, como em Adão, a reconciliação e uma felicidade distinta. A verdade e o entusiasmo da apresentação são inatacáveis. Eles jamais foram, em essência,

---

[12] Em latim no original: "advogado do diabo".

atacados até que rebelião e orgulho, na era romântica, passassem a ser admirados por si mesmos. Neste sentido, a crítica adversa a Milton não é tanto um fenômeno literário quanto uma sombra projetada sobre a literatura pela política revolucionária, a ética antinomiana e a adoração do homem pelo homem. Depois de Blake, a crítica miltônica se perdeu em incompreensão, e a verdadeira via dificilmente foi redescoberta até o prefácio do Sr. Charles Williams. Não quero dizer que não houve muitos esforços eruditos de interesse e sensibilidade neste entremeio, mas os críticos e o poeta não falavam a mesma língua. Eles não perceberam do que o poema tratava. Ódio ou ignorância quanto ao seu tema central levaram os críticos a atribuir elogios ou censuras por motivos fantásticos, ou a descarregar sobre supostas falhas da arte ou teologia do poeta o horror que eles verdadeiramente sentiam diante das próprias formas de disciplina, harmonia, humildade e dependência criatural.

Quanto ao estilo do poema, já notei esta dificuldade peculiar ao confrontar os críticos adversos, que eles o culpam pelas mesmíssimas qualidades que Milton e seus adoradores consideram virtudes. Milton institui jogos solenes, jogos fúnebres e jogos triunfais nos quais pranteamos a queda e celebramos a redenção de nossa espécie; eles reclamam que sua poesia é "como um jogo solene". Ele se propõe a nos encantar, e eles reclamam que o resultado soa como um encantamento. O Satã dele se ergue para fazer um discurso diante de um público de anjos "feito estrelas da noite inumeráveis",[13] e eles reclamam que soa como se ele estivesse "fazendo um discurso". Somos lembrados da pergunta de Aristóteles — se a própria água grudar na garganta de um homem, o que você

---

[13] *PP.*, liv. 5, v. 745

lhe daria para fazê-la descer?[14] Se um homem culpa o vinho do porto por ser forte e doce, ou os braços de uma mulher por serem alvos, macios e arredondados, ou o sol por brilhar, ou o sono porque põe de lado o pensamento, como poderíamos lhe responder? O Dr. Leavis[15] não diverge de mim acerca das propriedades do verso épico de Milton. Ele as descreve com muita precisão — e as compreende melhor, em minha opinião, do que o Sr. Pearsall Smith.[16] Não é que ele e eu vemos coisas distintas quando olhamos para o *Paraíso perdido*. Ele vê e odeia exatamente o que eu vejo e amo. Por isso nosso desacordo tende a se evadir do âmbito da crítica literária. Nós divergimos não sobre a natureza da poesia de Milton, mas sobre a natureza do homem, ou mesmo a natureza do próprio júbilo. Pois esta, no final das contas, é a verdadeira questão em debate; se o homem deve ou não continuar a ser "um animal nobre, esplêndido nas cinzas e pomposo no túmulo". Eu acredito que deve. Desejo a continuidade de "cerimônias de bravura", mesmo na presente "infâmia de sua natureza".[17] A visão contrária é defendida por pessoas muito diferentes.

---

[14] Provérbio citado por Aristóteles em sua *Ética a Nicômaco* (livro 7, parte 2).
[15] Frank Raymond Leavis (1895–1978): eminente crítico literário inglês autor de *The Great Tradition* [A grande tradição], obra na qual propõe um cânone reduzido para o romance inglês baseado na intersecção entre forma estética e moralidade.
[16] Logan Pearsall Smith (1865–1946): crítico inglês nascido nos Estados Unidos e autor de diversas obras, entre as quais se inclui *Milton and His Modern Critics* [Milton e seus críticos modernos] (1940).
[17] Excertos de um famoso trecho do quinto capítulo de *Hydriotaphia, Urne-Burial, or, a Brief Discourse of the Sepulchrall Urnes Lately Found in Norfolk* [Hydriotaphia, sepultamento em urnas, ou, um breve discurso acerca das urnas sepulcrais recém-encontradas em Norfolk] (1658) de Thomas Browne.

Conclusão

Alguns comentários sobre as razões pelas quais ela pôde ser defendida irão concluir meu livro.

A classe mais rebaixada e desprezível (na qual não incluo nenhum crítico que nomeei) pode odiar Milton através do medo e da inveja. A arte dele é eminentemente civil. Não digo "civilizada", pois poder e luxúria vulgares perverteram essa palavra além de qualquer redenção. É civil no sentido de que ela pressupõe naqueles que desejam fruí-la alguma disciplina em boas letras e boas "maneiras". Ela demanda que nossas paixões meramente naturais já tenham sido organizadas nas "atitudes mentais" preferidas por estados democráticos ordenados e magnânimos. Não é rústica, *naïf*[18] ou irreverente. Ela será, portanto, ininteligível para aqueles que não possuem as qualificações certas, e odiosa aos espíritos mais ordinários entre eles. Ela já foi comparada à Grande Muralha da China, e a comparação é boa: ambas estão entre as maravilhas do mundo e ambas separam os campos lavrados e as cidades de uma cultura antiga dos bárbaros. Precisamos apenas acrescentar que a muralha é necessariamente odiada por aqueles que a veem do lado errado, e o paralelo estará completo. Deste ponto de vista, o declínio da fama de Milton marca uma etapa na revolta da "civilização" contra a civilidade.

Uma classe muito mais respeitável de leitores desgosta dela porque são reféns de um tipo particular de realismo. Tais pessoas pensam que organizar paixões elementares em atitudes mentais é simplesmente contar mentiras sobre elas. O mero fluxo de consciência é para eles a realidade, e a função especial da poesia é remover as elaborações da civilidade e chegar até a "vida" nua e crua. Daí (em parte) a

---

[18] Em francês no original, com o sentido de "ingênua", "simplória".

popularidade de uma obra como *Ulisses*.[19] Em minha opinião, esse tipo de crítica está inteiramente baseado em um erro. A consciência desorganizada que ele toma por especialmente real é de fato altamente artificial. Ela é descoberta pela introspecção — isto é, ao artificialmente suspender todas as atividades mentais corriqueiras e emergentes e então atentar no que sobra. Naquele resíduo, tal crítica descobre a ausência de vontade concentrada, pensamento lógico, moral, sentimentos estáveis e (em suma) hierarquia mental. É claro que não — afinal, deliberadamente suspendemos todas essas coisas a fim de realizarmos nossa introspecção. O poeta que descobre por meio da introspecção que a alma é puro caos é como o policial que, tendo ele mesmo interditado o trânsito em determinada rua, então anota solenemente no caderno "A quietude nesta rua é altamente suspeita". Pode-se facilmente demonstrar que o caos indistinto de imagens e desejos momentâneos que a introspecção descobre não é a característica essencial da consciência. Pois a consciência é, desde o princípio, seletiva, e cessa quando a seleção cessa. Não preferir um dado a outro, não atentar em determinada parte de nossa experiência a despeito do resto, é estar adormecido: o processo de acordar, e em seguida o de estar inteiramente desperto, consiste em focalizar elementos selecionados. Quando a voz do seu amigo ou a página do seu livro afunda em igualdade democrática com o padrão do papel de parede, com o toque de suas roupas, com sua lembrança da noite anterior e com os barulhos da estrada, você está adormecendo. A consciência altamente seletiva usufruída por homens completamente

---

[19] Obra do escritor irlandês James Joyce (1882–1941) publicada em 1922 e considerada um divisor de águas — ou possível ponto-final — da história do romance.

alertas, com todos os seus sentimentos construídos e ideais consagrados, tem tanto direito de ser chamada de real quanto o caos letárgico, e ainda mais. Que este caos pode fornecer indícios para o diagnóstico de um psicólogo, eu não nego. Mas daí concluir que nele alcançamos a realidade da mente é como pensar que as leituras de um termômetro clínico ou os braços esfolados em um compêndio médico nos dão uma visão especialmente "real" do corpo. E mesmo se fosse garantido (o que não garanto) que a consciência desfocada e não elaborada fosse em si mesma especialmente real, ainda seria verdade que a literatura que diz representá-la é especialmente irreal. Pois a própria natureza de tal consciência desfocada é a de que ela não pode ser observada. A desatenção a torna o que é. No instante em que a coloca em palavras, você a falseia. É como tentar ver com o que uma coisa se parece quando você não está olhando para ela. Não é possível obter uma imagem verdadeira daquela terra de ninguém entre o visível e o invisível que existe no limiar do nosso campo de visão porque, justamente para obter uma imagem, ela precisa ser trazida ao centro. Não digo que não possa ser divertido tentar. Pode haver um lugar para a literatura que busca expor o que estamos fazendo, quando vontade, razão, atenção e imaginação organizada estão de folga e o sono ainda não sobreveio. Creio, porém, que se tomarmos tal literatura por especialmente realista, estaremos nos iludindo.

Por fim há a classe à qual o próprio Sr. Eliot provavelmente pertence. Alguns estão do lado de fora da muralha porque são bárbaros que não podem entrar; mas outros foram para além dela por sua própria vontade, a fim de jejuar e orar no ermo. A "civilização" — pela qual quero aqui dizer barbarismo tornado forte e opulento pelo poder mecânico — odeia de baixo a civilidade; a santidade a repreende de cima. A távola redonda se vê pressionada pela mó superior (Galaaz) e inferior (Mordred).[20] Se o Sr. Eliot desdenha das águias e clarins da poesia épica porque a aparência deste mundo passa,[21] ele tem meu respeito. Mas se ele chegar a concluir que toda poesia deve possuir as qualidades penitenciais de suas melhores obras, creio que ele estará equivocado. Enquanto vivermos na alegre terra média,[22] é necessário termos coisas médias. Se a távola redonda for abolida, para cada um que se elevar ao nível de Galaaz, cem despencarão de súbito ao de Mordred. O Sr. Eliot pode ter sucesso em persuadir a juventude leitora da Inglaterra a abandonar os mantos purpúreos e os calçamentos de mármore. Mas não é por este motivo que ele os verá andando em panos de saco sobre pisos de lama — ele apenas os verá em ternos bem cortados e feios andando sobre pisos emborrachados. Tudo isso já foi tentado

---

[20] Lewis alude aqui a dois personagens emblemáticos do ciclo arturiano. Galaaz, filho de Lancelote, é considerado o cavaleiro mais puro, quase sobre-humano, sendo de certa forma o único que efetivamente completa a demanda do Santo Graal. Já Mordred, a depender da versão, é retratado como filho bastardo do rei Arthur, a quem atraiçoa e fere mortalmente, perecendo igualmente no confronto.

[21] Lewis alude aqui a 1Coríntios 7:31: "E os que usam deste mundo, como se dele não abusassem, porque a aparência deste mundo passa".

[22] No original "*middle earth*", possível eco da influência da mitologia criada pelo amigo J.R.R. Tolkien, ainda que o termo não seja propriamente uma criação deste, e sim um "empréstimo" do inglês médio *middel-erde*, derivado do anglo-saxão *middangeard*, cujo sentido está associado ao mundo físico habitado pelos homens em oposição aos mundos invisíveis ou sobrenaturais, em sentido análogo ao do grego οικουμένη (*oikoumenē*). O uso do adjetivo "alegre" ["*merry*"] aqui parece ecoar o conceito da "Merrie England", uma concepção utópica da sociedade inglesa marcada por uma visão idílica, campestre e pré-industrial que conteria em si certa inglesidade essencial de pendor nostálgico, que, curiosamente, encontra certa ressonância no Condado dos Hobbits tal como caracterizado por Tolkien posteriormente.

anteriormente. Os puritanos mais antigos removeram os mastros e as tortas de frutas,[23] mas eles não trouxeram o milênio,[24] eles trouxeram apenas a Restauração.[25] Galaaz não deve se unir a Mordred, pois é sempre Mordred quem ganha, e ele quem perde com tal aliança.

---

[23] Os mastros estavam associados a festas pagãs e seu uso era fortemente repreendido, como fica evidente no conto "The May-Pole of Merry Mount" [O mastro de Merry Mount] (1836), do escritor estadunidense Nathaniel Hawthorne (1804–1864), em que uma festa de casamento na qual os convidados dançavam ao redor do mastro é interrompida por uma autoridade puritana local, que ordena que o mastro seja cortado, e os participantes da dança, chicoteados. Por sua vez, as tortas de fruta (*mince-pies*) são tortas inglesas feitas geralmente com uva-passa, groselhas, açúcar e especiarias como noz-moscada e canela. Para além de eventuais dificuldades de digestão, pesadelos e até alucinações que cria-se que podiam causar, a associação íntima entre as tortas e o Natal enquanto festa pagã fez com que elas fossem igualmente ostracizadas por reformadores protestantes tanto na Inglaterra quanto nos Estados Unidos.

[24] Termo referente à recorrência da expressão "mil anos" em Apocalipse 20 que corresponderia ao período de tempo em que Cristo reinaria sobre a terra, entendido como um tempo de paz e prosperidade e justiça.

[25] Reestabelecimento da monarquia inglesa com Carlos II em 1660 após o Interregno (1649–1660).

APÊNDICE

Notas sobre certas passagens

Livro 1, v. 467. "*Him followed* Rimmon" [A ele seguiu *Rimon*]. A inversão pode ocorrer em prosa. Cf. Daniel, *Apologye for Ryme* [Apologia da rima], 1603.[1] "*Him followed* Bessarion, Trapezantius, Theodore Gaza *and others*"[2] [A ele seguiram *Bessarion, Trebizonda, Teodoro Gaza* e outros].

Livro 2, v. 1006. "*To that side Heav'n*" [Ao Céu lateral]. Não se trata de mera "perífrase poética" para "lado mais baixo" ou "fundo". Tais expressões são evitadas pois não há em cima ou embaixo no caos. Cf. 893.

Livro 3, v. 1-7. Esse é um exemplo do processo por meio do qual elementos que adentram a poesia por diferentes razões nela permanecem como "*the adopted children of power*" [as filhas adotivas do poder]. A razão original para oferecer um número de títulos alternativos ao se dirigir a um deus era sem dúvida de ordem prática: você queria ter certeza de incluir o nome de que ele gostava. O costume, uma vez estabelecido, torna-se um meio de mostrar o poder direcionado sob diversas luzes ao leitor enquanto se preserva a solenidade herdada de seu uso original.

---

[1] Samuel Daniel (1562–1619): poeta inglês autor de diversas obras, inclusive a citada por Lewis, também chamada de *A Defence of Rhyme* (1603), que constitui uma defesa da não aderência da poesia inglesa às convenções clássicas.

[2] Trata-se de Basílio Bessarion (1403–1472): clérigo e erudito bizantino; Jorge de Trebizonda (1395–1486): filósofo e humanista bizantino; e Teodoro Gaza (1400–1475): humanista grego.

v. 74. "*Firm land* [...] *or ir air*" [Terra firme (...) ou no ar]. Milton está tentando nos fazer perceber que, embora o revestimento esférico externo do seu universo seja como terra, quem nele andasse não teria qualquer céu acima para mirar. "Terra firme, circundada ou envolta em algo que parecia bastante com água e bastante com ar, não dava para dizer qual dos dois, sem qualquer abóbada celeste tal como vemos da Terra."

v. 299. "*Giving to death*" [Dando à morte]. Verity[3] *não encontra objeto para giving* e conclui que ele tem o sentido intransitivo de "*yielding*" [entregar-se; submeter-se]. Mas sua citação de *Henrique IV*, parte 2, não prova que "*give*" [dar] (em oposição a "*give over*" [abandonar(-se)] pode ter este sentido. Melhor evidência, talvez, pode ser encontrada no termo de Devonshire: "*yeave*" (da palavra *giefan*) "*to thaw*" [descongelar; lassear], citado pelo Prof. Wyld (*Historical Study of the Mother Tongue*, p. 278).[4] Mas não é necessário, pois *giving*, no texto, tem por objeto *what Hellish hate destroys*. O que o ódio infernal destrói é a natureza humana. O que Cristo dá à morte é a natureza humana dele (cf. v. 246 e o importante comentário do Sr. Sewell[5] sobre esse verso). É para redimir a natureza humana que ele morre.

Livro 4, v. 36. "*And add thy name*" [E aponho teu nome]. No palco, Satã teria que fazer isso a fim de que o público soubesse a quem

---

[3] Arthur Wilson Verity (1863–1937): editor e comentador inglês das obras de Milton, tendo publicado edições do *Paraíso perdido* e de outras obras do poeta.
[4] Henry Cecil Kennedy Wyld (1870–1945): lexicógrafo e filólogo inglês, editor do *The Universal Dictionary of the English Language* [Dicionário universal da língua inglesa].
[5] William Arthur Sewell (1903–1972): crítico literário inglês com importante atuação acadêmica na Nova Zelândia. Suas principais obras são *A Study in Milton's Christian Doctrine* [Estudo sobre a doutrina cristã de Milton] (1939) e *Character and Society in Shakespeare* (1951) [Personagem e sociedade em Shakespeare].

Apêndice

se dirigia. Teria Milton inserido estas palavras se a passagem fosse originalmente épica e não dramática?

v. 241. "*Not nice art*" [Não boa arte]. Cf. a descrição do mundo da Idade de Ouro feita por Sêneca: "*prata sine arte formosa*" [belos prados sem artifícios]. *Epistulae Morales ad Lucilium* [Cartas a Lucílio], 90.

Livro v, v. 257. "*No cloud* [...] *with cedars crowned*" [Sem nuvens (...) coroado de cedros]. Supondo que o anjo do portão do céu olha diretamente através do "bueiro" no revestimento cósmico (ver livro 3, v. 526 em diante), faz-se concebível que ele possa ver a Terra lá dentro e o paraíso na Terra. Mas seria difícil para ele ver quaisquer "*other shining globes*" [outros globos luzentes]. Penso que Milton aqui se esqueceu por completo do universo circundado do livro 3.

v. 349. "*Shrub unfum'd*" [Arbusto não queimado]. Penso que Milton está contrastando a prática de perfumar um quarto pela fumigação (cf. *Muito barulho por nada*, ato 1, cena 3, v. 38, "*I was smoking a musty room*" [eu estava fumegando um quarto bafioso]) com a simplicidade do Éden, onde o arbusto aromático em seu estado natural (não queimado) já era suficientemente perfumado.

Livro 6, v. 236. "*Ridges of grim Warr*" [Fieiras da Guerra ferina]. Não penso, como Verity, que Milton tenha Shakespeare (*O estupro de Lucrécia*, v. 1438-9) em mente. Toda a passagem está cheia de ecos homéricos, e as *ridges* reproduzem πολέμοιο γέφυραι (*Ilíada*, canto 4, 371 etc.). O que *elas* eram eu desconheço.[6]

---

[6] O termo "*ridge*" pode ser "cordilheira", "serrania" ou "crista" (de onda ou montanha). O uso feito por Milton, posteriormente retomado por poetas como James Macpherson, William Wordsworth e W. B. Yeats, parece se referir às fileiras dos combatentes em uma guerra. O trecho citado da *Ilíada* reforça essa ideia nas traduções de Haroldo de Campos (Editora Arx, 2003) e de Frederico Lourenço (Penguin-Companhia, 2011), que propõem, respectivamente, "linha de combate" e "alas da guerra".

v. 268. "*Misery, uncreated till the crime*" [Infortúnio, incriado até o crime]. Cf. Donne, *Litanie*, "*Two things, Sin and Death, crept in, which were* never made" [Duas coisas, Pecado e Morte, adentram, tendo sido *jamais criadas*].[7]

Livro 8, v. 228. "*Equal love*" [Igual amor]. Provavelmente no sentido do latim *aequus*, "propício, benigno" ("*Pauci quos aequus amavit Iuppiter*").[8]

v. 416-19. "Você é perfeito *simpliciter* [simplesmente]. O homem não é perfeito neste sentido, mas apenas em sua própria medida (isto é, ele pode ser um homem perfeito, mas o homem não é um ser perfeito). É por este motivo que ele deseja enriquecer seu ser imperfeito por meio de relações sociais com outros membros de sua espécie."

v. 512. "*Constellations*" [Constelações], ou seja, naturalmente, conjunções; não "constelações" no sentido moderno.[9]

Livro 9, v. 157. "*Of these the vigilance I dread*" [Destes a vigilância receio] etc. Este e os próximos três versos soam fortemente como se tivessem sido originalmente escritos para o palco. (Posso dever esta observação ao Sr. Fletcher, do St. Edmund's Hall.)[10]

---

[7] Na edição de *The Complete Poems of John Donne* (Longman, 2010) organizada por Robin Robbins, o verso citado integra a segunda parte ("The Son" [O filho]) do poema chamado "A Litany" [Litania].

[8] *Eneida*, livro 6, v. 129-30. Na tradução de Carlos Alberto Nunes (Editora 34, 2021, p. 284): "Bem poucos, amados do grande Jove".

[9] Lewis refere-se aqui ao sentido astronômico do termo "conjunção" — "proximidade aparente de dois planetas ou outros corpos celestes, naves ou sondas, que se encontram num mesmo alinhamento (ou aprox. num mesmo alinhamento), vistos da perspectiva da terra" (*Houaiss*) —, diferenciando-o do sentido mais corrente de "constelação" enquanto "grupo de estrelas próximas umas das outras, tais como são vistas da Terra, que os antigos imaginavam formar figuras" (*Houaiss*).

[10] Trata-se do Reverendo R. F. W. Fletcher, membro do St. Edmund's Hall, uma das instituições de Oxford. Ele foi um dos editores, ao lado de J.R.R. Tolkien, da série de publicações Oxford English Monographs.

v. 442. "*Not mystic*" [Não místico], isto é, não alegórico. Milton está protestando contra uma interpretação exclusivamente alegórica do Cântico dos cânticos. Ele pensa que havia dois amantes humanos de verdade em um jardim de verdade.

v. 482. "*For I view far round*" [Pois vejo ao longe]. Novamente laivos do palco.

v. 506. "*Hermione*" [Hermíone]. É quase certo se tratar *ou* de um lapso de Milton ao ditar *ou* de um erro do impressor diante do nome *Harmonia*.

v. 686. "*Life to knowledge*" [Vida ao conhecimento]. Verity entende como "Vida em acréscimo ao conhecimento". É certo, porém, tratar-se de uma construção típica da Versão Autorizada[11] como "*live unto righteousness*" ["viver para a justiça"] (1Pedro 2:24).

Livro 10, v. 329. "*Aries*" [Áries]. O sol estava em Áries porque "*the Creatour of alle kinde/ Upon this signe ferst bigan/ The world, whan that He made man*" [o Criador das coisas todas/ Neste signo fez nascer/ O mundo e ao homem deu ser]. (John Gower, *Confessio Amantis*, livro 7, v. 994-6).[12]

---

[11] A famosa tradução inglesa da Bíblia comissionada pelo rei Jaime I e publicada pela primeira vez em 1611.

[12] John Gower (1330–1408): contemporâneo de Chaucer e um dos grandes nomes da poesia medieval inglesa. Sua principal obra é *Confessio Amantis* [A confissão do amante], extenso poema que usa a ideia da confissão como moldura para inserir uma série de narrativas menores.

ÍNDICE REMISSIVO

A

Abdiel 136, 150, 165, 166, 172
Abrabanel 133
Adão 94, 121, 123, 138, 139, 140, 147, 148, 156, 172, 183, 194, 195, 196, 197, 199, 200, 204, 206, 209, 210, 220
Addison, Joseph 127, 128, 214
Agostinho, Santo 120-129, 148, 149, 196, 203, 204
Akenside, Mark 111
Alcuíno 39
Alfeu 95
Alquimia 111
Amadis 25
Amara 84
Ambrósio, Santo 196
Apocalipse 22, 149, 227
Apology for Smectymnuus 28
Aquino, São Tomás de 153, 167, 182, 183
Arcádia, A 130
arianismo 150
Áries 233
Ariosto 24, 82
Aristóteles 19, 20, 22, 24, 99, 101, 105, 110, 131, 132, 136, 221, 222
Arthuríada 26
Asmodeu 85
Atanásio, Santo 196
atitudes 101, 102, 223
Auden, W. H. 31, 32

B

Barfield, Owen 7, 50, 52
Bates, Srta. (em *Emma*) 161, 174
Beda 38
Beethoven 42, 215
Belial 177, 179
Belzebu 166, 173, 180
Bentley, Murial 175
Beowulf 36, 38, 39, 40, 44, 45, 46, 48, 51, 55, 57, 59, 62, 65, 66
Binyon, Laurence 195
Blake, William 162, 221
Bodkin, Maud 91
Boécio 149
Boiardo 24
Branca de Neve (filme) 106
Browne, Sir Thomas 11, 149, 222
Burton, Robert 187

C

Caedmon 38
Calímaco 22
Cântico dos cânticos 22, 233
Cerimônia 97
Chadwick, Prof. 62, 63
Chaucer, Geoffrey 8, 39, 233
Chesterton, G. K. 117, 194
Cinderela 128, 129
Coelho, Pedro 129
Coleridge, Samuel Taylor 18, 57, 79, 101, 195, 205
Comus 8, 26, 143, 188
Constellations 232
Credo Niceno 147
Cristo 78, 147, 155, 156, 186, 216, 217, 220, 227, 230

D

Daniel, Samuel 16, 84, 85, 229
Dante 15, 28, 115, 161, 192, 196, 206, 217, 218

Prefácio ao Paraíso perdido

Darbishire, Helen 21
De Doctrina Christiana 146
Descartes, René 185
Deuses 148
Diabo 91, 164, 170
Dickens, Charles 39, 155
Disciplina 142
Divina comédia 15, 143, 161
Donne, John 87, 105, 108, 133, 183, 202, 232
Dry Savages, The 111
Dryden, John 162

E

Eliot, T. S. 30, 31, 32, 33, 104, 111, 112, 225, 226
Ênio 69
Enna 84
Eros e Psiquê 128, 129
Eva 84, 123, 124, 125, 127, 138, 139, 140, 147, 151, 172, 194, 195, 199, 200, 204, 206, 208, 209, 210
Ezequiel 95, 196

F

Faerie Queene, The 133, 143
Ficino, Marsílio 182, 184, 185
Finnsburg, O fragmento de 40
Fletcher, Reverendo R. F. W. 169, 205, 232

G

Galaaz 226
Galileu 85
gerar 150
Giving to death 230
Goethe, Johann Wolfgang von 54, 64, 66, 107
Gower, John 233
Grierson, Sir Herbert 151

H

Händel 89

Hengest 40, 63
Hermes Trismegisto 184
Hermione 233
Higebaldo 39
Hinieldus 39
Homero 22, 24, 36, 40, 44, 45, 46, 48, 50, 51, 52, 53, 54, 55, 57, 60, 61, 64, 65, 66, 69, 70, 72, 74, 75, 80, 89, 97, 117, 180, 192
Hone, Brian 113
Hooker, Richard 88
Hrothgar 39, 40

I

Idade Heroica 36, 38, 62, 63, 65, 67
Il Penseroso 26
Ivanhoé 59, 60

J

Jacobs, W. W. 39
James, Prof. D. G. 101, 111, 118, 139, 181, 215, 224, 231
João 147, 149
Johnson, Samuel 118, 131, 139, 181, 182, 189, 194, 214, 219
Jó 22, 23

K

Keats, John 174, 192
Kinglake, Alexander William 52
Kipling, Rudyard 47, 61

L

L'Allegro 26
Layamon 69
Leavis, Dr. F. R. 222
Lino 36
Lohengrin 128
Lucrécio 115, 117, 119, 190

M

maçã, a 124

Índice remissivo

Macbeth, Lady 135, 209
Mammon 175, 176, 178, 179
Mansus 26
Maquiavel, Nicolau 188
McGregor, Sr. (em *Pedro Coelho*) 129
Meredith, George 163
Meun, Jean de 116
Moloque 177, 180
Montaigne, Michel de 136
Mordred 226
More, Henry 181, 184, 185, 187, 188, 190
Mozart 28, 42, 215
Murray, Prof. Gilbert 60
musa, a 37, 38, 41, 49, 55, 107, 108

N

Napoleão 28, 167, 168
Névio 69
Newman, John Henry 207
Nilsson, Martin Nilsson 44, 48, 54
Ninrode 138
Nisa, ilha de 84

P

Paracelso 186
Paraíso reconquistado 23, 109, 155-7, 162
Pascal, Blaise 28
Patterne, Sir Willoughby 163
Paulo 147, 149, 151
Pecado 121, 137, 143, 156, 175, 195, 204, 209, 210, 211
Pedro, São 233
Petrarca 28
Píndaro 22, 23
Platão 28, 30, 183
Pontolândia 33
Pope, Alexander 17, 118, 166, 180
Pórcia (em O mercador de Veneza) 201
Pound, Ezra 31, 32
Pselo, Miguel 187
Puttenham, George 184

R

Rafael 188, 193
Raleigh, Prof. Sir Walter 194, 195, 196, 198
Reason of Church Government 21, 22, 29, 142
reparação 156
retórica 98, 100, 184
Richards, Dr. I. A. 101, 102, 103
Rimmon 229
Robert de Gloucester 69
Romeu e Julieta 42
Ruskin, John 53, 54

S

Sansão agonista 109
Satã 85, 94, 104, 121, 122, 123, 124, 125, 136, 137, 138, 139, 150, 155, 156, 161-74, 176, 189, 201, 210, 217, 220, 221, 230
Saurat, Prof. Denis 119, 145, 146, 148, 149, 150, 151, 152, 153, 155, 156, 159, 160
Seafarer, The 40
Sêneca 231
Sewell, Prof. William Arthur 144, 230
Shakespeare, William 27, 39, 87, 97, 118, 134, 135, 136, 149, 155, 169, 188, 194, 205, 230, 231
Shelley, Percy Bysshe 162, 164
Shrub unfum'd 231
Sidney, Sir Philip Sidney 114, 130, 214
Silvestre, Bernardo 86
Sir Gawain e o Cavaleiro Verde 35, 120, 199
Smith, Logan Pearsall 174, 222
Sófocles 22
sol, 53, 73, 85, 86, 172, 198, 222, 233
solenidade 42, 44, 46, 79, 108, 229
Spenser, Edmund 24, 25, 86, 89, 133, 134

Prefácio ao Paraíso perdido

Stuarts, os 131
summi theologi, as seis 183

T

teologia platônica 182, 189
that side Heav'n 229
Tolkien, J. R. R. 7, 31, 35, 40, 50, 226, 232

U

Ulisses (de Joyce) 224
Uriel 85

V

Verity, Arthur Wilson 230, 231, 233
Verne, Jules 192
Vida, Marco Girolamo 216
vidro óptico 110
Virgílio 22, 24, 59, 63, 64, 65, 66, 67, 68, 70, 72, 73, 74, 75, 76, 77, 78, 79, 80, 114, 116, 192, 213

W

Wagner, Richard 28, 128
Wanderer, The 40
Wells, H. G. 192
Wierus 187
Williams, Charles 7, 8, 164, 165, 217, 221
Wyld, Prof. Henry Cecil 230

X

Xenofonte 28

Y

Yeats, William Butler 214, 215, 231

Z

Zeus 64
Zohar 145, 152, 158

Prefácio ao *Paraíso perdido*

Outros livros de C. S. Lewis pela Thomas Nelson Brasil

A abolição do homem
A anatomia de um luto
A torre sombria
A última noite do mundo
Até que tenhamos rostos
Cartas a Malcolm
Cartas de C. S. Lewis
Cartas de um diabo a seu aprendiz
Cristianismo puro e simples
Deus no banco dos réus
George MacDonald
Milagres
O assunto do Céu
O grande divórcio
Os quatro amores
O peso da glória
O problema da dor
O regresso do Peregrino
Preparando-se para a Páscoa
Reflexões cristãs
Reflexões sobre Salmos
Sobre escrever
Sobre histórias
Surpreendido pela alegria
Todo meu caminho diante de mim
Um experimento em crítica literária

Volumes Únicos

Trilogia Cósmica (Além do planeta silencioso,
Perelandra e Aquela fortaleza medonha)
Clássicos Selecionados C. S. Lewis

Coleção Fundamentos

Como cultivar uma vida de leitura
Como orar
Como ser cristão

As Crônicas de Nárnia

O Sobrinho do Mago
O Leão, a Feiticeira e o Guarda-Roupa
O Cavalo e seu Menino
Príncipe Caspian
A viagem do Peregrino da Alvorada
A Cadeira de Prata
A Última Batalha
O Leão, a Feiticeira e o Guarda-Roupa, edição infantil cartonada